Touchdown

Journal de guerre

Du même auteur :

Voir le pire
L'altérité dans l'œuvre de Bret Easton Ellis
remède à l'épidémie de supériorité morale

Les petites souris

Hyper, Hyper ! Juste à côté du cœur

Portrait de l'auteur en 4e de couverture :
© Frédéric Vennarecci

ISBN : 979-10-310-1510-1

OLIVIER AMIEL

Touchdown
Journal de guerre

éditions
Les Presses Littéraires

À mon père et à Léo,

« À un moment j'ai cru
que ça pourrait finir mal. »

– Butch Cassidy à Sundance Kid.

« *Touché* »

– n. m. français québécois de l'anglais *touch*
(1889).
Terme sportif employé en parlant
du joueur qui fait toucher le sol au ballon
au-delà des lignes adverses.

Lundi

La voix intérieure me répète sans cesse : « *Sa vie sera longue, sa vie sera longue, sa vie sera longue…* » Je lui réponds : « *Mon cul!* » et lui demande de bien aller se faire foutre ailleurs avec son pseudo-fatalisme-stoïcien de merde.

Elle a toujours été en moi, depuis gosse, comme la plupart des êtres humains je suppose, enfin plus ou moins, surtout ceux qui ruminent. Si ma voix intérieure a toujours été très intrusive, elle s'est mise à caqueter de plus en plus fort dans mon crâne, sans que je puisse l'arrêter, dilatant mes vaisseaux sanguins, gonflant mes veines du front, me créant des migraines ophtalmiques très impressionnantes et de plus en plus fréquentes – mais sans aucune gravité d'après le scanner que j'ai passé. Elles me créent une sorte de kaléidoscope dans les yeux, grossissant de plus en plus jusqu'à obstruer totalement la vue. Dans ces moments, il me faut patienter un quart d'heure, voire trente minutes, dans l'obscurité et le silence. Un silence extérieur et intérieur. Pas toujours évident à trouver avec ce sale bruit partout.

Un auteur, qui fut rapidement éditeur, répond aux questions de mon ami François dans un entretien pour une revue littéraire exigeante et un peu austère. Évoquant l'importance dans l'édition française de Pierre-Guillaume de Roux, l'interviewé y explique : « *En tant qu'éditeur, j'ai retenu deux "enseignements" de lui : primo, quand on y croit, il faut y aller, un bon livre sert toujours à quelque chose même s'il ne trouve que trois lecteurs. Sa vie sera longue.* » Je ne me souviens pas du deuzio.

La voix en moi s'est mise à répéter comme un mantra ces mots : « *Sa vie sera longue, sa vie sera longue, sa vie sera longue…* » au moment de ce que j'ai ressenti comme une humiliation. On l'appellera d'ailleurs dans la suite de ce récit L'Humiliation.

Voilà, mon second roman a eu l'honneur de très bons retours dans la Presse, d'excellents articles et des recensions ne pouvant que flatter mon ego. Pourtant ce n'est pas assez pour moi. Car je sais que tout cela ne se traduit pas forcément par davantage de lecteurs. L'impact des critiques est trop léger alors que ce que je souhaite le plus c'est d'être lu. J'apprécie la confiance de mon éditeur, sa maison d'édition est dynamique, mais injustement peu considérée dans le milieu littéraire, car trop… provinciale. Cela ne me permet pas d'être sur toutes les tables des librairies dans tout le pays, dans toutes les Maisons de la Presse de tous les villages, dans tous les *Relay* de toutes les gares et aéroports de toute la France. Non, mon livre est en vente en ligne, dans quelques librairies de ma ville et peut-être au *Carrefour* de la route des plages ou au *Auchan* de la route d'Espagne… Aussi, le nombre de lecteurs reste trop faible, alors que je considère – peut-être à tort – que ce texte mérite mieux.

Impatient au possible, je veux tout de même espérer le « *Game changer* » comme disent les Américains.

La voix de mon père : « *Encore un anglicisme mon fils, mais c'est quoi cette époque quand même* »

Oui, bon, cet événement, ce petit truc du destin qui change le jeu, disons ce tournant décisif qui fait basculer les choses sur un rien.

Ce petit rien est finalement arrivé rapidement dans la vie du livre. Sa vie était alors encore très courte – un mois ou deux à tout casser – avant qu'il fasse l'objet d'une officieuse présélection pour un prestigieux prix littéraire national, mais aussi d'une promesse d'entretien par une grande plume dans un quotidien national et même d'une émission de télévision… Un tiercé gagnant.

C'est ce qui pouvait donner enfin de l'ampleur et une respectabilité à ce roman édité dans le fin fond du sud de la France, soit le trou du cul du monde. C'est le coup de pouce qui validerait les bonnes critiques obtenues et qui permettrait enfin ce que je désirais le plus : être lu. Lu partout. Lu par tous.

Je ne suis pas naïf et je sais bien que la machinerie du milieu littéraire est une chose obscure, inique et taillée pour les grandes maisons d'édition parisiennes.

Peu importe, figurer seulement sur la liste du Prix allait suffire à mon bonheur et à mon honneur. Les exemplaires furent donc envoyés aux membres du jury et journalistes, mais tout ceci restait non officiel pour le moment.

Rongeant mon frein, j'appris enfin la date d'annonce de la sélection à la fin du mois de novembre. Signe du destin, il s'agissait de la date d'anniversaire de mon père. Quel beau cadeau j'allais ainsi lui faire.

« *Non, non, non…* » ricane la garce de voix intérieure.

En place d'une sélection élargie de dix titres qui comportait mon roman, le jury décida exceptionnellement cette année d'annoncer seulement les deux finalistes. La déception est immense, je serre les dents : « *Sa vie sera longue, sa vie sera longue, sa vie sera longue…* » Personne ne saura ni ne croira que j'étais dans cette présélection. Le jeu ne va pas changer. Mais ce n'est pas grave : « *Sa vie sera longue, sa vie sera longue, sa vie sera longue…* » Et voilà qu'un troisième auteur est sélectionné, alors qu'il n'a même pas encore terminé d'écrire son livre ! L'entretien prestigieux pour le quotidien national ne vient pas, la participation à l'émission de télévision est reportée sine die. La déception devient colère, elle emporte tout, comme un tsunami de rage, mais : « *Patience…* » tente de reprendre la voix intérieure. « *Sa vie sera longue, sa vie sera longue, sa vie sera longue…* » Ta gueule ! Qui peut croire une telle connerie ?

La voix du psy : « *Vous savez que Beckett a connu le succès très tardivement ?* »

Tiens c'est bizarre, c'est le même exemple bien trop flagorneur et grotesque que la voix de mon père a pris afin de me consoler quand je lui ai finalement annoncé la mésaventure du roman. Je vérifierai sur le programme télé quelle chaîne a diffusé cette semaine un documentaire sur l'écrivain. Ça ne peut pas être une coïncidence…

Cela me fait le même effet que les excellents articles et les recensions dans la Presse : je suis très flatté et reconnaissant, mais cela n'a pas l'impact espéré sur mon besoin égotique d'être davantage lu.

La voix du psy prend un accent suisse un peu comique : « *Faisons un peu de la psychanalyse analytique jungienne. Disons que vous êtes au midi de votre existence, c'est une période propice aux éléments déclencheurs de ce qu'on appelle grossièrement la crise du milieu de vie. Ce que vous considérez comme une humiliation est un simple échec, mais qui symbolise le passage vers la seconde étape de votre vie. C'est peut-être le moment idéal pour dépasser l'archétype de l'éternel adolescent et prendre du recul sur votre narcissisme et l'idéalisation de votre propre image.* »

L'Humiliation ne devait donc être considérée que comme une simple péripétie confirmant mon statut d'auteur raté et de pisseur d'encre médiocre.

Il faudrait appréhender avec joie cette période de la vie, qui est, jusqu'à preuve du contraire, la dernière. J'ai du mal à voir cela comme une fantastique opportunité d'entamer un chemin de sagesse fondé sur l'acceptation de mon échec cuisant… Non, je ne me sens pas prêt à affronter ce combat, je ne suis pas armé pour ça. Je me rends compte que mon temps imparti se termine et que la mort se rapproche.

La voix du psy insiste : « *Il est normal et très banal de ne pas se sentir préparé à mi-parcours, mais le milieu de vie doit être justement le moment idéal pour remettre en question nos a priori et nos illusions. Il faut accepter la déception, comprendre qu'il est enfantin de vouloir réaliser des objectifs trop ambitieux et de croire pouvoir laisser à tout prix une trace infinie. Une humiliation doit être dépassée et non ressassée.* »

La voix de ma femme interrompt brutalement la voix du psy et m'ordonne d'arrêter de chouiner et d'arrêter de lui parler tout court, car elle va se coucher et que je vais réveiller le petit.

Elle a raison et la voix intérieure surenchérit : « *Mon pauvre gars, mais comment oses-tu parler d'une humiliation traumatisante ? C'est ridicule et très exagéré, alors que des gens souffrent atrocement, que les conflits se barbarisent, que le feu nucléaire revient à la mode… Tu n'as pas de quoi écrire un récit à succès de nos jours, si au moins tu avais été un réfugié de guerre, ou même mieux violé dans ton enfance, mais là franchement… Lâche-nous la grappe avec ton amertume, ça ne vaut vraiment pas un pet de lapin ! S'il te plaît, arrête d'écrire de la merde sur de la merde… On te l'a dit, tu vis seulement ce que vivent tous les humains à ton âge.* »

C'est insignifiant. C'est vrai.

Je me renfrogne et de toute manière je pars sur la pointe des pieds m'installer au salon pour attendre le match d'ouverture de la saison de football américain du championnat de la NFL entre les Chiefs de Kansas City et les Lions de Détroit. Cela s'annonce comme un combat sauvage.

J'emmerde les voix. J'ai besoin de voir de la bagarre, de la guerre.

Mardi

Le match inaugural de la saison oppose le gagnant de l'an passé à mon équipe…

La voix de mon fils : *« Mais wesh ! C'est pas "ton" équipe… Tu ne joues pas et tu n'habites pas cette ville. »*

Je trouve ça un peu ridicule, mais avec sa bande de copains dans leur collège privé et bourgeois, c'est à la mode de parler comme des caïds de cités… Et je n'aime pas quand il me dit ça. Je n'aime pas quand quelqu'un dit ça en général. Après une victoire dans n'importe quel sport, quand tu scandes comme tout le monde « *On a gagné!* », tu as toujours un emmerdeur pour te rectifier : « *Ah bon, tu étais sur le terrain? Non TU n'as pas gagné, ILS ont gagné…* » Le gosse doit avoir un prof ou un pote au collège qui ressort bêtement ce que ses parents lui disent. Je refais donc mon laïus sur le sentiment d'appartenance à un club, à une ville, à un pays, à une nation… Quelque chose de plus grand que l'individualité et qui nous fait partager une joie ou une déception collective, même si ce n'est que du sport, car c'est toujours beau de ressentir ce sentiment de groupe.

Bref, je me concentre sur ce match, « mon » équipe a de grandes ambitions cette année et c'est un honneur d'affronter le champion en titre sur son terrain, même si cela va être forcément difficile, voire mission impossible pour Détroit…

La voix de mon père : « *Mais c'est quoi encore cette passion bizarre, cette nouvelle lubie pour le football américain ?* »

Ce n'était pas si nouveau en fait, mais issu de plein de prétextes. Tous assez foireux, j'avoue.

La convivialité déjà, avec la tradition d'une murge entre potes pour la soirée du Super Bowl dans un *Sport Bar* de la ville. Ce n'est pas la meilleure raison, mais j'ai toujours apprécié les rites masculins consistant à boire des bières entre « braguettes » pour n'importe quelle raison. Un peu comme dans la fameuse scène de *Voyage au bout de l'enfer* de Michael Cimino sorti l'année de ma naissance en 1978. La bande d'amis se retrouve dans leur bar de quartier après avoir bossé à l'aciérie. Ça joue au billard, ça boit des bières et ça fredonne *Can't take my eyes off you* de Frankie Valli. Scène de fraternité virile – il y aura également la partie de chasse au cerf, d'où le nom original du film : *The deer hunter* – avant le départ de tous pour la guerre au Viêt-nam. Un concentré de la mythologie de la masculinité américaine dans toute sa splendeur – je vais revenir rapidement dans mon récit sur ce prétexte…

Mais avant tout, il y a aussi le prétexte familial alors que mon fils a tout de suite apprécié aller voir l'équipe locale disputant le championnat français de football américain. Accompagner son enfant au stade reste un des plus grands plaisirs partagés entre un père et son fils, qui se perpétue à travers les générations. Cela se déroule dans une ambiance de joyeuse kermesse foutraque avec tout le folklore américain réjouissant les gosses : des pom-pom girls, des morceaux de Dr Dre et d'AC/DC crachés par les enceintes du minuscule stade municipal, des stands à pop-corn et à hot-dogs, des mascottes d'équipes aux noms rigolos comme les Spartacus, les Météores, les Castors, les Anges Bleus, les Korrigans, les Wild Turkey…

Un peu comme dans certains sports plus ancrés avant la professionnalisation, on retrouve le côté populaire voire populo que véhiculaient davantage il y a encore quelques années le foot ou le rugby par exemple. Les joueurs bossent tous à côté de la pratique du sport, des étudiants, mais aussi beaucoup d'employés « peu qualifiés » comme on dit péjorativement. On retrouve l'image du footballeur d'avant, bossant à l'usine la semaine et chaussant les crampons sur le terrain le samedi. Le milieu social autour du football américain est clairement issu de la France prolétaire et fière malgré le mépris, celle que l'on nomme « périphérique ». C'est cette même société que décrivent Jérôme Fourquet et Jean-Laurent Cassely à travers la danse country. Un monde complètement « *hors de portée des radars médiatiques et académiques en dépit de son audience réelle dans une partie de la population* ». Une pratique considérée comme ringarde et beauf, mais « *répandue dans les milieux populaires et totalement méconnue de la France d'en haut, elle fait volontiers l'objet du dénigrement de la part de celle-ci* ». Il s'agit d'un autre pan de l'américanisation des Français : « *À chacun son rêve américain : la France de la start-up nation a les Starbucks, les banlieues ont le rap… Même l'extrême gauche française récupère des concepts américains, comme l'intersectionnalité ou la figure de la sorcière pour les féministes par exemple. Et la France des Gilets jaunes a les Buffalo Grill et la country.* » On peut donc rajouter le football américain à la liste de cet imaginaire commun avec le *Redneck* lambda, cousin américain de l'habitant de la France pavillonnaire et suburbaine, avec le même mépris de classe subi de part et d'autre de l'Atlantique.

Puis, finalement, l'amour de ce jeu a grandi à mesure que j'ai regardé des matchs à la télévision et assisté à des rencontres au stade avec mon fils. Sans trop comprendre au début les règles absconses de ce sport si simple et si compliqué à la fois.

Le petit adore les contacts un peu rudes et les célébrations de *touchdowns*, toujours *too much*, théâtrales, puériles et un chouïa ridicules. C'est un spectacle à l'américaine quoi… Moi ce que je préfère ce sont les très longues passes millimétrées, les tracés de missiles vrillant balancés par les *quarterbacks* et réceptionnés, on ne sait comment, par des *wide receivers* d'une agilité folle.

Je trouve même une justification quasi politique à ma passion pour ce sport. J'ai écrit pour *Le Figaro* la recension du second roman de l'écrivain américain Don DeLillo : *End Zone*, qui date de 1972, mais qui a été traduit pour la première fois en français seulement cinquante ans après. L'histoire se déroule dans le milieu du football américain. Je rappelle dans mon article que la mythologie de ce sport est restée longtemps très hermétique pour les Français, mais qu'elle les atteint de plus en plus – j'en suis d'ailleurs un bon exemple – par le biais d'une américanisation certes contestable de la société, mais pas forcément, ni totalement sans intérêt dans notre société et civilisation occidentales en perte de repères.

« *Ah oui, rien que ça…* » ironise la voix intérieure.

Je n'aime pas toujours le style trop soigné, presque ampoulé de Don DeLillo – que je trouve souvent malgré son immense talent, un peu chiant même parfois. Dans *End Zone*, on retrouve d'ailleurs les écueils de son auteur qui fait bavarder le narrateur – un joueur en pleine quête existentielle dont le père lui a inculqué jeune la devise : « *Rentre ton ventre et donne tout* » et ayant rejoint l'équipe d'une obscure université texane – avec ses coéquipiers qui semblent tout droit sortis du film *Le Cercle des poètes disparus*… Ça cause d'une manière très invraisemblable de Rilke, de Heidegger… Mouais c'est ça…

Enfin, il y a donc cette question de civilisation que je relève dans ma recension.

La devise de l'entraîneur du narrateur dans le roman est : « *Ce n'est qu'un jeu, mais il n'y en a pas d'autres.* » Cet aphorisme résume bien le fait que le football américain et son folklore, sa mythologie même, sont la marque d'un ethnocentrisme états-unien. Cependant, un autre personnage de Don DeLillo rappelle aussi au narrateur que : « *Ce ne sont pas seulement des jeux et des joueurs, c'est beaucoup plus.* » En effet, comme bien d'autres choses outre-Atlantique, le football américain est exporté dans l'imaginaire collectif par l'influence véhiculée par la littérature comme ici, mais surtout aujourd'hui évidemment par les films, les séries, et les réseaux sociaux. L'Empire hollywoodien depuis longtemps, assisté désormais activement par les plateformes numériques comme *Netflix*, *Disney*, ou *Amazon,* agit tel un rouleau compresseur afin d'imposer au monde une vision unique de celui-ci.

La voix de mon père : « *As-tu oublié ce qu'écrivait le dramaturge italien Luigi Pirandello? "L'américanisme nous submerge. Je crois qu'un nouveau phare de la civilisation s'est allumé là-bas. L'argent qui circule dans le monde est américain et derrière cet argent court le monde de la vie et de la culture"... Et c'était dans les années vingt ! 1920, pas hier!* »

Je sais pertinemment que cette américanisation de notre société par l'image est contestée et contestable, car elle véhicule un seul imaginaire possible et peut apparaître comme un complexe provincial face à la domination impérialiste des États-Unis. Je sais très bien que le succès grandissant du football américain au niveau international, jusqu'à mon patelin au sud de la France témoigne bien de cette invasion culturelle. Je sais que c'est le passage à la culture de masse qui a permis ce phénomène intrusif au modèle unique et détruisant la diversité culturelle des peuples. Je n'oublie pas non plus les fameux mots d'un ancien président américain Herbert Clark Hoover qui déclarait dans les années trente : « *Là où le film américain pénètre, nous vendons davantage d'automobiles américaines.* » C'était forcément la même chose avec le football américain et je ne peux certainement pas dire le contraire alors que je supporte l'équipe de Détroit, la « Motor city », siège historique de *Ford* et des plus grandes firmes automobiles du pays. D'ailleurs, il y a un parallèle « gramsciste » intéressant à faire entre le fordisme industriel et le fordisme culturel, cette même volonté de vendre un produit reproductible, standardisé, au plus grand nombre… L'économie-monde de Fernand Braudel comporte une culture-monde dominée par les États-Unis. Une « Barnumization » de la culture comme l'écrit Marc Fumaroli. C'est indéniable.

Pourtant, je ne peux pas condamner intégralement cette américanisation monstrueusement impérialiste. C'est, comme je l'ai déjà dit, mon prétexte politique à cette passion pour le football américain et c'est donc aussi un des propos de ma recension du roman de Don DeLillo. La passion pour ce sport, même pour des Français restés longtemps très désintéressés en la matière, peut refléter notre recherche d'éléments représentatifs d'un même monisme occidental, dans le cadre d'un sentiment de perte de repères de notre civilisation, car en nous raccrochant à ce sport, pourtant bien loin de notre tradition nationale, nous marquons ainsi notre attachement plus général à une vision occidentale de la société, comme nous la voyons tous les jours sur nos écrans…

Mais j'y reviendrai. Tout le monde dort chez moi. Les matchs sont diffusés l'après-midi ou en soirée aux États-Unis. Celui du lancement de la saison est en *prime time* là-bas, donc très tard dans la nuit ici.

À la surprise générale, les Lions de Détroit l'emportent sur le terrain des champions en titre. Waouh, quel match bordel ! Ça valait le coup de veiller toute une partie de la nuit. La rencontre a notamment basculé sur une particularité de l'entraîneur de la franchise du Michigan, un mec que j'adore : Dan Campbell. Un golgoth texan bourru qui a été joueur professionnel. Sa grande spécialité c'est de souvent tenter les quatrièmes tentatives.

Comment vous expliquer… Le football américain est un sport de gagne terrain. Une équipe en attaque dispose de quatre tentatives pour atteindre dix yards, à peu près dix mètres. Si elle y arrive, elle a à nouveau quatre tentatives, l'objectif étant d'aller marquer un *touchdown*, une sorte d'essai dans l'en-but adverse qu'on nomme la *end zone*. Si vous êtes proches de cette ligne au moment de votre quatrième et donc dernière tentative, notamment à vingt yards, dans la *red zone,* vous pouvez tenter de frapper une pénalité au pied, un *field goal,* sinon vous frappez le ballon le plus loin possible afin que l'équipe d'attaque adverse soit la plus éloignée de votre *end zone*... Et c'est sur une quatrième jouée, avec une feinte très risquée, que les Lions ont pris cette nuit un sérieux avantage jusqu'à la victoire finale.

Ce n'est pas étonnant qu'on représente souvent Dan Campbell poussant une brouette avec deux énormes couilles dedans... Sa carrure, son audace et ses discours de vestiaires ressemblent à ceux d'Al Pacino dans *L'Enfer du dimanche,* le film d'Oliver Stone en 1999 : « *Dans cette équipe, on lutte pour chaque centimètre. Dans cette équipe, on se déchire et on déchire tout le monde autour pour chaque centimètre. On griffe de nos ongles pour chaque centimètre. Parce qu'on sait qu'à la fin, le total de tous ces centimètres fera la putain de différence entre gagner et perdre! Entre vivre et mourir!* »

La voix de mon fils : « *Arrête!* » – il ne supporte pas quand je fais mon imitation de Pacino...

Ce genre de propos grandiloquents et virils sont souvent moqués, mais demeurent très efficaces sur les joueurs. À son arrivée à la tête de l'équipe des Lions en 2021, Dan Campbell se lance en conférence de Presse dans un discours jugé par un journaliste de CBS de « *plus ridicule de tous les temps* ». Le nouvel entraîneur de Détroit explique à l'époque : « *Cette équipe va prendre l'identité de cette ville, OK? Cette ville a connu des moments difficiles, et elle a trouvé le moyen de surmonter l'adversité. Et donc cette équipe va être construite sur ça, nous allons vous donner des coups de pied dans les dents, OK? Et quand vous nous donnerez un coup de poing en retour dans la gueule, nous vous sourirons.* »

La figure très *badass* – de mauvais garçon – de Dan Campbell représentative de ce sport, rejoint ici la question de la masculinité dont je vous parlais et que j'ai développée aussi dans *Le Figaro* pour soutenir ce sport qui répond aux besoins de virilité des Occidentaux. Quand Don Dellilo fait le récit du match phare de la saison, il suit le rythme singulièrement saccadé du football américain où les annonces de schéma de jeu aux noms toujours abscons sont suivies par une courte, mais intense action de jeu très violente, brutale, bestiale, puis d'un nouveau conciliabule où on se balance des mots crus, où on exhorte à « *cogner* », à « *faire mal* », à « *violer* » l'adversaire, avant une nouvelle annonce de schéma de jeu… L'entraîneur le rappelle : « *Le football n'est brutal que vu de loin* », *drive* après *drive,* séquence après séquence, frappe après frappe, coup dans la gueule après coup dans la gueule…

Tout de même, la meurtrissure est inhérente à ce sport, et ce, d'une manière souvent très extrême. L'accident tragique en 1978 du joueur des Patriots de la Nouvelle-Angleterre, Darryl Stingley, resté quadriplégique après un placage épaule contre casque qui a compressé sa moelle épinière, est resté comme un événement majeur pour le football américain. Parce qu'il a conduit à changer les règles avec davantage de sécurité, mais aussi paradoxalement parce qu'il a excité la fascination masculine pour la violence. L'artiste contemporain Matthew Barney s'en inspire dans une de ces œuvres et rappelle qu'alors qu'il n'avait que onze ans et qu'il jouait déjà au football américain : « *Comme pour beaucoup d'autres jeunes qui pratiquaient ce sport, le choc de l'impact a eu pour moi un effet narcotique, a créé une décharge sauvage d'hormones, un rush d'endorphines. Cela m'a fasciné et m'a attrapé comme une proie* ».

Ce n'est pas du tout dans l'air du temps de la déconstruction des hommes et de la célébration de leur fragilité. Aussi, même si c'est bien souvent grotesque, les instances professionnelles du football américain tentent depuis quelques années de « dégenrer » au maximum ce sport à l'engagement féroce et à la brutalité exacerbée. On affiche comme symbole de tolérance le drapeau LGBTQIA+ et on clame des déclarations féministes dans des stades où ne jouent que des hommes et où ne joueront certainement que des hommes. C'est très hypocrite, comme si les instances de ce sport tentaient de s'acheter une bonne conscience face à la pression inclusive alors que ce sport reste exclusivement masculin. Il n'existe d'ailleurs pas encore de section féminine de ce sport, juste une variante sans contact : le *Flag*, dans lequel le contact physique est remplacé par l'arrachage d'un petit drapeau accroché à la ceinture, une sorte de « à touche-touche » ou de jeu du chat et de la souris.

Pourtant des femmes pourraient très bien pratiquer ce sport, mais entre elles, car il ne s'agit évidemment pas d'un sport dans lequel les femmes peuvent tenter d'obtenir une section unisexe dans la mesure où le contact physique implique forcément une différence de traitement – je crois d'ailleurs que seule l'équitation est une véritable discipline mixte. À la limite, on pourrait voir un jour des personnes *trans* pratiquer le football américain avec les hommes… de naissance – je n'ose pas employer le terme tabou de « biologique ». Mais pour la NFL il s'agira toujours d'une compétition sinon exclusivement « masculine », en tout cas exclusivement « d'hormones masculines » et avec un certain taux de testostérone nécessaire – ce que demandent encore la plupart des fédérations sportives au grand dam des activistes les plus radicaux de la cause *trans*. Donc pour être plus précis – si j'ai bien compris car c'est fumeux tout ça – des transsexuels ayant eu recours à la chirurgie ou à la prise d'hormones pourraient jouer avec les hommes de naissance, mais pas forcément des transgenres ayant simplement adopté une identité différente… Bon, je m'empêtre certainement dans ce que les militants de la fragilité nomment le « mégenrage » afin d'accuser de « transphobie » quiconque se trompe – même involontairement comme moi.

De toute manière, il faut bien reconnaître qu'il y a peu de femmes devenues hommes après transition à vouloir aller faire un sport aussi brutal… C'est plutôt l'inverse, avec des hommes devenus femmes après transition qui aiment bien aller montrer les muscles et foutre sur la gueule à des femmes de naissance sur un ring ou sur un terrain…

Mon père dépité reste sans voix…

Par contre, la vraie question qui pourrait se poser, c'est pourquoi n'existe-t-il pas également une compétition féminine ? Quelle différence avec la violence et les contacts bien plus sanglants *de l'Ultimate Fighting Championship,* l'UFC, soit la boxe dans sa forme la plus sauvage, se pratiquant dans une « cage » octogonale et avec très peu de limites et où l'on trouve tout de même de nombreuses femmes combattantes. Il y a depuis quelques années un mouvement grandissant de femmes qui se construisent d'ailleurs une armure musculaire de guerrière, par une pratique assidue du sport et d'arts martiaux, comme une volonté de ne plus subir sur ce terrain de la confrontation physique. Encore faut-il que la règle soit équitable, mais l'époque n'est pas forcément raisonnable sur ces sujets au mépris du bon sens. Je pense au monologue de Bill Maher dans son talk-show hier soir : *« J'ai passé trois décennies à la télévision à me moquer des Républicains qui disaient que le changement climatique n'était qu'une théorie, et maintenant, je dois faire face à des gens qui disent : Vous savez ce qui n'est qu'une théorie ? La biologie ! »* Ça redonne enfin le sourire à mon père.

Quoi qu'il en soit, la construction symbolique de guerriers et guerrières ne représente pas le courant majoritaire et dominant de l'Occident contemporain. Dans cette atmosphère pacifiste, l'image trop masculiniste du football américain dérange. Les couilles que Dan Campbell transporte métaphoriquement dans une brouette sur la pelouse du Ford Field de Détroit font désormais mauvais genre face à la réalité des testicules d'une femme transgenre habitant le même État du Michigan. Celle-ci réclame à son ancien compagnon une somme d'argent devant le tribunal pour avoir jeté ses couilles extraites chirurgicalement et pourrissant plusieurs mois dans le frigo du couple, entre la brique de lait et la boîte d'œufs…

Comme dans plein d'autres secteurs, l'Amérique contemporaine veut tout rendre plus inclusif et progressiste, de manière excessive sous la pression des offensés de tout poil de la nouvelle génération de « chochottes » comme les appelle Bret Easton Ellis. Tout comme pour le machisme, les instances du football américain compensent aussi les accusations de racisme dans leur sport… La NFL a voulu calmer la protestation menée par le *quarterback* de San Francisco, Colin Kaepernick, qui le premier a posé un genou à terre en 2016 pendant l'hymne américain contre les violences policières racistes… Le geste a été énormément reproduit depuis et la protestation a pris de l'ampleur jusqu'aux émeutes de l'été 2020 après la mort de George Floyd à la suite d'une affreuse bavure et la sacralisation de l'intouchable mouvement Black Lives Matter s'attaquant au racisme considéré comme « systémique ».

L'hypocrisie et l'emphase tout américaine ont pris la suite, mais un juste retour de bâton se fait sentir. La franchise de football américain de Washington portait depuis quatre-vingt-sept ans le nom de « Redskins », soit les « Peaux-Rouges ». Ce nom était considéré comme offensant pour les Amérindiens. Une contestation grandissante des groupes de pression dans le climat puritain actuel, et surtout après la vague Black Lives Matter, a eu raison du nom historique de l'équipe, dénommée désormais les « Commanders ». Pourtant, seulement trois ans après le changement, des groupes de *Native Americans* – des populations autochtones indiennes d'Amérique du Nord – demandent officiellement le retour du nom « Redskins » qui permettait une présence symbolique de la culture indienne au-delà de l'aspect péjoratif du terme, qui semble donc offenser davantage les « visages pâles » bien-pensants que les principaux concernés…

Un autre juste retour de bâton se déroule actuellement chez « mes » Lions. Plusieurs villes voisines de Détroit sont connues aux États-Unis comme abritant la plus grande proportion d'habitants musulmans, originaires de la péninsule d'Arabie et principalement du Yémen. La franchise du Michigan a cru bon de faire déplacer ses joueurs musulmans pour visiter le Musée national arabo-américain accolé à la plus grande mosquée des États-Unis dans la ville voisine de Dearborn. Le déplacement très médiatisé est assez lunaire, avec des joueurs ne sachant pas trop ce qu'ils font là, habillés de manière ostentatoire, très bling-bling, comme dans un clip de rap stéréotypé, dans un lieu rigoriste de la communauté chiite américaine. Dans cette même ville, le conseil municipal dirigé par un maire yéménite est devenu exclusivement masculin, pratique la séparation hommes-femmes pour certaines célébrations, a tenté d'interdire les livres trop « gays », et manifeste avec l'extrême droite chrétienne évangélique contre les homosexuels assimilés à des pédophiles… L'autre ville voisine de Hamtramck a quant à elle pris un arrêté municipal afin d'interdire la présence du drapeau LGBTQIA+ dans la commune, bien loin de la mise en avant voulue par la NFL dans ses stades afin d'obtenir un brevet d'inclusivité…

On sait depuis Pierre Victurnien Vergniaud – juste avant sa décapitation – que « *La Révolution est comme Saturne : elle dévore ses propres enfants* », mais toutes ces dindes qui aiment Thanksgiving tiennent toujours la barre de *L'Empire du bien* pour reprendre le terme prémonitoire de Philippe Muray.

À contre-courant de leur monde idéal d'hypersensibilité et de déconstruction masculine, je considère dans ma tribune pour *Le Figaro* que la violence fait partie du jeu et aussi du goût pour ce jeu, et qu'au contraire la bestialité assumée dans le football américain peut finalement faire un bien fou dans une époque qui veut tant émasculer les hommes. Cette virilité et cette culture de la rivalité viennent même compenser la guerre qui manquerait à l'homme occidental.

Dans *End Zone*, Don DeLillo use et abuse d'un vocabulaire et d'un jargon technique très poussé et crédible, concernant aussi bien les noms de postes et les subtilités complexes d'un sport complexe, que des données scientifiques et militaires sur le feu nucléaire. Le personnage principal de ce roman est en effet obnubilé par la menace de guerre atomique.

Il existe depuis longtemps un parallélisme des vocabulaires utilisés par les reporters de guerre et les commentateurs sportifs. Avant qu'on la désigne comme la « Grande Guerre », la Première Guerre mondiale a d'ailleurs été qualifiée au tout début du conflit de « Grand Match ».

Les jargons guerriers et sportifs se sont encore plus entremêlés dans les années suivantes et cela semble encore plus évident pour le football américain dont les schémas de jeu sont organisés à la seconde et au mouvement près, quasiment de manière mathématique, face au contexte des années soixante-dix et les débuts de la guerre technologique moderne au ciblage informatique précis.

Le narrataire de Don DeLillo ne peut que rapprocher la place de la stratégie dans ce sport avec la stratégie militaire moderne, et encore plus de nos jours cinquante ans après la sortie de *End Zone* et les prémices de guerres « contrôlées » par l'Intelligence Artificielle. Métaphoriquement tout vient d'en haut, comme l'entraîneur obligé de se poster sur une tour pour contrôler l'ensemble des combinaisons, ou le monologue du major d'une école militaire sur l'aspect théologique d'une possible destruction de l'humanité par l'atome. Ce même personnage explique au narrateur que : « *Les gens ferment leur esprit. Ils pensent que le nucléaire est forcément insensé, que les deux camps appuient sur tous les boutons et que l'affaire est réglée en deux heures. En réalité ce serait très réfléchi, très prudent, comme une bagarre au ralenti.* » Don DeLillo signe ici la meilleure comparaison possible entre un conflit armé moderne et le football américain : « une bagarre au ralenti ».

Le narrateur évoque d'ailleurs plus tard avec un de ses coéquipiers la possibilité un jour que le football américain se joue par satellite, avec des combinaisons informatisées, comme c'est d'ailleurs le cas de plus en plus de nos jours dans ce sport, et dans la manière par laquelle la guerre contemporaine se « joue » également de plus en plus…

Je suis de la génération des gosses ayant vu en direct à la télévision les débuts de la guerre du Golfe ressemblant aux images d'un jeu vidéo. Je suis de cette génération qui a été la première à être littéralement « *collée devant l'écran* » diffusant tous les conflits et atrocités du monde comme dans le morceau rageur *J'ai vu* du groupe Niagara en 1990.

Ce trop-plein d'images a conduit certains d'entre nous à ne plus faire cas, volontairement ou pas, de la souffrance dans le monde et de celle de la guerre en particulier. C'est devenu tellement quotidien et courant, mais également abstrait et lointain, car ô combien télégénique et inoffensif, que cela n'a eu plus vraiment de sens pour nous. Voilà aussi une des raisons qui fait passer les enfants de ma génération X pour des cyniques et nihilistes alors qu'il s'agit d'autre chose…

La guerre peut manquer à l'homme dans un sens jüngerien et cet ersatz de guerre qu'est le football américain nous « calme » tout en « excitant » la dualité de ce qu'est devenue notre âme masculine contemporaine et occidentale : souhaiter le frisson du danger de la guerre, mais sans se couper les doigts avec la feuille de papier du journal le matin avec notre tasse de *Nespresso Cosi*.

Ce besoin d'être saisi par la guerre est le principal apport de ce qu'Ernst Jünger nommait lui-même son « Ancien Testament », soit ses écrits exaltés de soldat durant la Première Guerre mondiale. Il a ainsi célébré comme nul autre le sel de la vie dans le danger, le jeu téméraire entre la vie, la mort, l'action sauvage et virile : *« Élevés dans une ère de sécurité, nous avions la nostalgie de l'inhabituel, des grands périls. La guerre nous avait donc saisis comme une ivresse. »* Cette bestialité manque à l'homme moderne occidental qui peut donc la trouver dans le spectacle du football américain avec une analogie à la dimension virile de la guerre. Une apologie de la violence et de la force, de la puissance et de l'engagement physique, mais sans programme politique, seulement esthétique et même thérapeutique, comme réponse à une société efféminée et empruntée.

On ne connaît que trop bien l'analogie de la guerre et du sport considérée négativement par George Orwell : « *Le sport met en jeu la haine, la jalousie, la forfanterie, le mépris de toutes les règles et le plaisir sadique que procure le spectacle de la violence : en d'autres termes, ce n'est plus qu'une guerre sans coups de feu.* » Le revers positif de cette vision est celui du sport comme un dérivatif, un lieu de violence contenue, dont on peut sortir amoché, mais vivant.

J'aime ce que dit Dustin Poirier, combattant d'UFC. Pour l'Américain, aux origines cajuns très fortes : « *Le combat est la vérité. Dehors tout est faux. Au bout de cinq rounds on connaît la vérité. Je suis accro à cette vérité.* » C'est le tombeur du Français, Benoît Saint Denis, qui m'a fait aimer et regarder cette discipline au milieu de la nuit, comme le football américain quelques années avant. Un ancien militaire français des forces spéciales, reconverti dans les arts martiaux mixtes, prônant le patriotisme, le don de soi, les valeurs familiales, et qui monte sur le ring au son du Chant des commandos et de *NTM*… Comme le dit Dustin Poirier avec beaucoup de respect, ce Français est un dur et ira loin dans cette discipline sportive sanglante qui reproduit peut-être le mieux la vérité de la guerre qu'il a si bien connue sur le terrain, le vrai.

La voix intérieure se fout de ma gueule : « *Chut espèce de petit chapon!* » Elle me trouve tellement ridicule à rêver d'un monde « testostéronisé », dans la moiteur d'un *Fight Club* et dans le feu d'*Orages d'acier*, mais attention, tout en faisant le moins de bruit possible dans la maison pour ne pas réveiller bobonne et fiston…

Certes, il faudra peut-être lutter contre cette tendance à l'embourgeoisement contradictoire avec cette recherche de virilité sportive et guerrière. Tout en évitant ce mouvement stupide du Men Going Their Own Way, le MGTOW, porté sur Internet par des influenceurs et des motivateurs débiles, aussi caricaturaux que le personnage d'Al Bundy dans la sitcom des années quatre-vingt : *Mariés, deux enfants,* quand le père de famille frustré crée l'association du NO MA'AM, soit l'Organisation Nationale des Mâles Anti-Amazones et autres Mégères… Nous verrons bien comment faire, car je sens les voix intérieures s'opposer dans ma tête.

Mais chut! Silence! La raison la moins foireuse de toutes pour adorer le football américain est de me couper du bruit. Pour une fois, la voix intérieure acquiesce. D'ailleurs elle se calme et se tait, me laisse un peu de répit, car j'ai trop sommeil maintenant, j'ai même le kaléidoscope qui commence son spectacle lumineux et hypnotique dans mes yeux.

Mercredi

L'éditeur m'a invité à déjeuner. Nous avons nos habitudes dans un restaurant situé en périphérie de la ville, au cœur d'une zone commerciale et industrielle glauque et décrépite. Le genre de non-lieu urbain avec des entrepôts et des magasins désaffectés, des bureaux abandonnés aux étages avec les vitres cassées et les blocs de climatiseurs décrochés menaçant de tomber. Les allées sont envahies de végétation sauvage, on trouve des terrains vagues clôturés de grillages défoncés et des routes cabossées le long desquelles trônent d'immenses palmiers Washingtonia non entretenus avec les palmes qui sèchent et s'accumulent en hauteur. Cela a quelque chose de *Downtown LA* comme on le voit dans les films sur les gangs californiens. Au milieu de ce chaos urbain, le restaurant est dans un style *Diner* américain, avec une jolie façade de petites briques rouges, très *Brooklyn*. L'intérieur est assez tamisé, voire très sombre, même en pleine journée, des banquettes rouges, des écrans diffusant du sport US en boucle, et que des mecs attablés. C'est le seul endroit du coin où on peut assister à des concours de mangeurs de hot-dogs et commander un burger avec deux kilos de viande, vingt tranches de bacon, dix tranches de fromage. Si tu le finis en moins d'une heure, c'est gratuit.

On partage l'amour de cette culture américaine avec l'éditeur. Que cela soit la littérature, la musique, les films, la bouffe, ou bien sûr le sport. Il est tatoué de partout, adore le rock et suit assidûment les courses de NASCAR et le championnat NHL de hockey sur glace. Il collectionne des reliques provenant de la tôle de bagnoles explosées pendant les compétitions. Ce n'est pas plus grand qu'une carte *Panini*. Un petit morceau de ferraille avec des restes de peintures bariolées dessus, visible sous film de protection plastique, avec photo de la gueule du pilote et de sa voiture avant l'accident au verso. D'une manière générale il aime les trucs bizarres, ce qui contraste avec les livres qu'il doit éditer, souvent de la production patrimoniale locale. Il m'a offert une petite carte de collection des Lions de Détroit en arrivant. Elle date de 1967. Je suis touché, il relativise : « *T'inquiète. Ça ne vaut même pas dix balles sur Internet.* »

On parle de hockey, je ne comprends toujours pas comment il peut se passionner pour un sport aussi peu télégénique. Je n'arrive jamais à suivre le palet… Je ne vois rien et je zappe vite. Mais bon, chacun son truc… Il se plaint du prix du papier, du quasi-monopole de quelques distributeurs en France qui se partagent le marché en créant des ententes commerciales pour faire casquer sous prétexte de guerre en Ukraine. Ça dérive sur le poulet ukrainien dégueulasse qu'on nous refile. J'écoute sans parler. Il y a un match de baseball qui se termine sur l'écran que je vois derrière mon éditeur. Les Los Angeles Dodgers se prennent une rouste chez les Arizona Diamondbacks.

L'éditeur m'interroge sur le Prix littéraire, l'entretien dans le quotidien et à la télévision, pour savoir si j'ai des nouvelles. Je lui parle de L'Humiliation, ça ne l'affecte pas : « *On s'en branle, j'en étais sûr de toute manière ! On sert juste de prétexte pour leurs conneries de Prix, moi ça me coûte l'envoi de dix ou vingt exemplaires, avec les prix en hausse de la poste et du papier, pour rien du tout. C'était pour te faire plaisir, mais je n'y croyais pas du tout. Quand on me demande ce genre de chose, tu sais, d'habitude je dis niet. Ils nous prennent trop pour des cons là-haut.* » Il fait deux doigts d'honneur. Mais comme arrivent à le faire les rappeurs américains avec le majeur levé et les autres doigts à moitié… Je ne suis jamais arrivé à bien le faire.

La voix du psy me provoque : « *Vous ne lui parlez pas de votre obsession du nombre de pages ?* »

Hum… C'est vrai que pour tenter d'expliquer le caractère obsessionnel de certaines futilités qui me taraudent en ce moment dans la vie, j'ai pris l'exemple pendant une de nos séances du problème avec le nombre de pages de mes livres. En fait je les trouve trop petits. Quand j'écris, je compte constamment le nombre de mots et je fais chaque fois une conversion en nombre de pages. J'ai cherché et remarqué qu'en gros, deux cent cinquante mots correspondent à une page, et il faut dans les cinquante mille mots pour faire un roman « sérieux ». J'ai écrit pile ce nombre de mots pour le dernier roman, mais j'ai trouvé le livre encore trop petit, avec pas assez de pages et de volume… J'ai réclamé de rallonger au maximum sans que cela devienne un livre pour gosses avec de gros caractères. L'obsession est telle, que je compare les livres avec le même nombre de pages et je ne comprends pas pourquoi ils font plus imposants. J'ai comparé les qualités du papier et les grammages pour comprendre, les différents formats, le nombre de lignes qu'on peut gagner en en changeant, je compte le nombre de mots dans les livres qui me paraissent être plus épais avec pourtant un nombre de pages inférieur au mien, et… Oui, clairement, je pars un peu en toupie avec cette histoire de pages et je ne vais certainement pas en reparler maintenant avec l'éditeur. Je fais taire la voix du psy et je commande une nouvelle *Bud*, l'éditeur me suit : « *Après j'arrête faudrait que je bosse un peu cet aprèm. Et sinon tu es sur un truc en ce moment ? Tu écris ?* »

Depuis L'Humiliation, je n'ai plus eu envie d'écrire une seule ligne. Même pas pour les recensions et les tribunes dans la Presse. Rien. J'ai une sorte de dégoût rien que d'imaginer devoir écrire. Ça me fait penser à mes précédentes vies professionnelles, quand j'ai arrêté tout net des emplois et des engagements publics. C'était à chaque fois après un échec qui aurait pu être dépassé, mais que j'ai considéré comme la goutte d'eau, le point de rupture dans une séquence de ma vie, l'événement m'imposant une bifurcation.

La voix intérieure dit que je suis un gamin alors que « *Sa vie sera longue, sa vie sera longue, sa vie sera longue…* ». Cela vaut pour le livre, comme pour tant d'autres choses pour lesquelles j'aurais pu me battre un peu plus dans mon existence. Je sens beaucoup de condescendance alors qu'il est clair que cette conne de voix intérieure ne comprend manifestement pas la situation.

Génial, il y a maintenant la rediffusion du match de Détroit à l'écran, une belle victoire dimanche dernier en Caroline du Nord… J'explique les conséquences que cela a sur le classement de la Conférence. Histoire aussi de parler d'autre chose : « *On a la sixième défense de la NFL avec une moyenne de 292.8 yards perdus par match, et la troisième meilleure ligne défensive contre la course avec une moyenne de seulement 68.4 yards encaissés par match – Adam Hutchinson est énorme, il sack comme un dingue – en plus c'est un gars 100 % Michigan, il fait plein de trucs pour les gosses malades dans les hôpitaux, j'adore ce mec. Bref, en plus on est toujours aussi bon en attaque, imagine, la quatrième meilleure attaque de NFL en moyenne de points par matchs avec 29.6, et la sixième place du classement en yards de moyenne par matchs : 384.4! Dix-neuf touchdowns! Un QB humble, tu sais Jared Goff, qui prend une belle revanche sur la vie et sur les rageux. Ça sent la première place de division! Ce serait la première fois depuis 1993! Et…* » J'ai totalement perdu mon éditeur sur le coup. Il remonte juste la tête de son assiette pour me répondre : « *Putain, 93? Creep de Radiohead quoi.* »

La passion du football américain a été démultipliée chez moi après L'Humiliation et tout le faisceau d'échecs intervenus avant. C'est bien là l'explication la moins foireuse à cette lubie pour ce sport : une volonté de ne plus suivre aucune autre actualité.

Je ne suis, semble-t-il, pas le seul dans ce cas, puisque rien que pour la dernière année, les cinquante meilleures audiences de la télévision américaine sont toutes pour des matchs du championnat professionnel de football américain de la NFL. Pire, si on regarde plus largement, quatre-vingt-dix-huit des cent meilleures audiences concernent des événements sportifs, avec très largement en tête le football américain professionnel et aussi universitaire : le *College football*, puis le basket, le baseball, le hockey… On note deux petits intrus dans le classement avec la remise des Oscars et un débat politique. Cette tendance inquiète certains observateurs outre-Atlantique qui parlent d'une monoculture américaine du football.

La voix de mon père : « *C'est bien la preuve que l'américanisme est aussi du crétinisme par le loisir… Du pain, des jeux, et l'atomisation des masses dans chaque foyer devant la télévision… On n'a jamais trouvé de meilleur moyen pour maintenir l'ordre, rendre inoffensif et contrôler les veaux…* »

Bien souvent, quand la voix de mon père me parle, je crois relire en 2024 le roman *2024* que Jean Dutourd a écrit en 1975… Dans cette dystopie – qui vise un peu à côté, et n'est vraiment pas son meilleur livre – le monde se meurt de ne plus avoir voulu faire d'enfants, d'avoir refusé égoïstement de procréer. Il n'y survit que des vieillards inactifs : « *Avec la société des loisirs qui a fonctionné jusqu'au moment où l'on s'est avisé que le monde se dépeuplait et qu'il fallait revenir bien vite à la société du travail, les peuples ont pris les funestes habitudes des rois : flattés par les journaux, les démagogues, les gens de gauche qui étaient émerveillés par le progrès social, les gens de droite qui renchérissaient sur les gens de gauche, ils se sont mis dans la tête que tout leur était dû, à commencer par l'oisiveté.* »

Je réponds agacé à mon père – et du coup aussi à Jean Dutourd – que j'ai déjà reconnu la déviance de la domination du loisir par « l'américomanie » ambiante. Mais que pouvions-nous attendre du basculement entre « Haute » culture et culture de « Masse », entre l'« Aura » de l'œuvre et la « Fordisation » des biens culturels, entre la domination des lumières européennes et celle des projecteurs hollywoodiens ? À l'image des *Vies parallèles* de Plutarque, Régis Debray l'avait déjà bien démontré avec son étude de « *Siècles parallèles* » entre le XVIe et le XXe siècle qui sont chacun l'inverse de l'autre. Pour le premier, les débuts de l'écriture et de l'alphabétisation du peuple. Pour le second, les débuts de l'image et le retour de l'analphabétisme : « *Au* XVIe *siècle, l'œil comme organe des sens et du savoir triomphe de l'oreille, organe du préjugé et de l'indistinction. Or le* XXe *siècle semble suivre un chemin inverse, du silence vers le bruit, du trait vers la tache.* »

La tache se doit d'être simple et accessible au plus grand nombre, c'est l'avènement de la culture de masse uniforme, homogène, standardisée, qui tend à éteindre les différences entre les individus et les peuples en imposant un modèle unique.

Cette tache est un produit commercial qui doit plaire au plus grand nombre, c'est la projection d'une image faite pour le monde entier vu comme un seul marché. Elle vise cette majorité forcément moins cultivée, car, plus on veut accueillir de monde, plus la porte doit être grande ouverte. « La crise de l'esprit » chère à Paul Valéry est passée par là : « *causée par la perte du "capital culturel", ou la raréfaction de ces hommes qui "savaient lire : vertu qui est perdue", ces hommes qui "savaient entendre et même écouter", qui "savaient voir, relire, ré-entendre et revoir".* »

Si la tache se base sur des éléments objectifs des États-Unis comme ses décors, elle n'est qu'une simple représentation factice américaine, un produit global. Dans ce mouvement, bien entendu des marqueurs essentiellement nord-américains sont véhiculés par les films, les séries, les chansons… Et voilà comment l'attrait d'un sport singulièrement états-unien a pu s'internationaliser jusqu'à nos villages gaulois.

On n'y peut rien, sauf à vouloir la fin de l'Empire qui nous a avalés tout cru – ce que je ne souhaite pas, quitte à accepter cette occidentalisation globale, cet impérialisme colonisant les terres irrédentes où la langue anglaise domine tous les rapports sociaux – mon goût prononcé des anglicismes que me reproche tant la voix de mon père, est une illustration de cette capitulation face à la culture de masse occidentale et donc états-unienne.

Je suis un vaincu satisfait de mon sort. Je ne suis pas sensible à l'anti-occidentalisme du poète guerrier Gabriele D'Annunzio pendant l'occupation de Fiume dans les années vingt : « *Libérons-nous de l'Occident qui ne nous aime pas et ne veut pas de nous. Tournons le dos à l'Occident qui devient chaque jour plus stérilisé, infecté et déshonoré par des injustices tenaces et une servitude tenace. Séparons-nous de l'Occident dégénéré qui, oubliant qu'il contenait dans son nom "la splendeur de l'esprit inaltérable", est devenu une immense banque au service de l'impitoyable ploutocratie transatlantique.* » Je souscris encore moins à l'anti-occidentalisme des médiocres épigones actuels qui font le lit à d'autres impérialismes – chinois, russe, islamiste – bien trop éloignés de mes standards. Non, ce n'est vraiment pas mon truc tout ça.

Au contraire, je crois sincèrement que le seul dénominateur commun de nos cultures en Europe et en Occident en général est, qu'on le veuille ou non, issu de la culture nord-américaine.

Comme le rappellent Jérôme Fourquet et Jean-Laurent Cassely : « *Outre-Atlantique, des historiens ont évoqué un processus d'"authenticité émergente" pour décrire la manière dont la pop culture commerciale se patrimonialisait avec le temps pour devenir la culture tout court et se confonde avec les racines de la société américaine. Un possible destin pour certaines des traditions américaines adoptées par la société française dont le substrat culture est devenu hydroponique.* » J'ai dû chercher le sens de ce dernier mot dans le dictionnaire : la culture hors-sol. Cela m'a rappelé les mots d'Ernst Jünger dans son roman *Eumeswil* : « *Non que j'aie rien contre le style universel : c'est l'un des espoirs de l'anarque. Un nouvel Orphée pourrait rendre enfin justice au monde, avec ses cieux et ses enfers.* »

La voix de mon père m'interrompt : « *La tache est tout de même abrutissante mon fils, Hannah Arendt avait prévenu que la culture de masse ne veut pas dire que la culture se répande dans les masses, mais "que la culture se trouve détruite pour engendrer le loisir et le résultat n'est pas une désintégration, mais une pourriture". Tu veux laisser ton esprit pourrir ?* »

La tache est reposante mon père. La domination du loisir américain, de l'*entertainment,* n'est pas forcément mauvaise et péjorative d'après moi, car je recherche toujours ces calmants de l'âme qui font taire les voix.

Qui n'a jamais expliqué regarder une série ou un divertissement crétin à la télévision, car « ça délasse » ? L'équivalent d'une benzodiazépine ou d'un bédo.

La voix de mon père insiste : « *On ne peut pas toujours se délasser, il faut réfléchir, se donner du mal, je t'ai toujours dit qu'il n'y a rien de pire que l'oisiveté, sinon on devient mou et surtout… Fou !* »

Le silence de ma mère. Puis, la voix hésitante et surprise de ma mère quand je la retrouvais au début de sa maladie devant l'écran enneigé de sa télévision, sans signal. Depuis combien de temps était-elle là à regarder fixement ça ?

Non ! Moi je ne regarde pas un écran noir ou enneigé, je regarde encore des films, des séries et… Oui, du sport, avec cette préférence pour les matchs de football américain. C'est d'une apparente simplicité, mais d'une complexité folle quand on s'y intéresse. La plupart des entraîneurs sont même des *geeks* accros aux statistiques et aux probabilités mathématiques. Il y a quelque chose de très intellectuel dans ce sport de brutes. S'y intéresser ne peut pas conduire à une perte totale de mes facultés.

La voix intérieure rit de moi : « *Le principal c'est d'y croire non ?* »

Ce n'est pas que de l'autopersuasion. Je peux très bien vouloir me couper de l'actualité en dehors de celle du futile et du banal sans perdre la raison. Non? Ce que je ne supporte plus, c'est simplement ça : l'actualité. Au début je me suis détaché de l'actualité locale, je n'avais plus de fonctions politiques ou administratives, j'avais le sentiment d'avoir assez donné de ma personne et même si je n'étais pas devenu insensible à la souffrance des gens vivant dans le même coin que moi, je ne souhaitais plus être une éponge pour celle-ci. Et puis pourquoi allais-je encore faire semblant de m'intéresser à des sens de circulation dans le centre-ville, des faits divers dans des quartiers où je ne mettais plus les pieds ou les expositions d'artistes du dimanche? Je me suis détaché ensuite de l'actualité nationale et internationale. Au mieux cela m'indifférait, au pire cela m'énervait. À quoi bon m'infliger ça? Je me méfie des idées et des opinions et je les trouve partout dans l'actualité. Aussi, je consulte seulement les sites spécialisés dans les sports américains, je regarde un peu des talk-shows comme « L'Équipe du soir » ou « NFL Extra » sur la chaîne beIN SPORTS, mais pas trop d'analyses, non, je préfère les faits, les statistiques, les résultats, je bouffe de la data brute… Je ne lis quasiment plus les journaux, je n'écoute plus les informations, je zappe sur des programmes frivoles, j'adore par exemple les rediffusions de vieilles sitcoms : *Friends*, *How I met your mother*, *Mariés, deux enfants*, *Ma sorcière bien aimée*... Je suis tombé l'autre jour sur l'épisode de *Madame est servie* dans lequel joue Matthew Perry avant qu'il soit célèbre – ça m'a fait ma journée. Surtout, je fuis toutes les chaînes de télévision diffusant des heures et des heures de bavardages par de pseudo-experts sur la guerre au Sahel, la réforme de l'Hôpital public, les violences urbaines, l'immigration, l'écologie... Tout ce bruit me pèse, car je m'en fous et que je veux pouvoir m'en foutre.

La voix du philosophe Pascal Bruckner à la radio : « *Nous autres Européens et Américains du XX*e *siècle sommes devenus hypersensibles à la moindre contrariété. Nous sommes collectivement frappés du syndrome de la princesse au petit pois, cette héroïne d'Andersen qui passe une nuit blanche en raison de cette bille minuscule glissée sous son matelas. Notre émotivité s'accroît à mesure que la médecine adoucit nos conditions d'existence.* »

Peu importe s'il ne s'agit que d'un simple petit pois que je monte en épingle. Je veux vraiment fuir l'extérieur et me réfugier dans l'intérieur. Je rêve d'être un personnage jüngerien du « Nouveau Testament » de l'écrivain allemand. Je veux incarner Manuel Venator d'*Eumeswil*. Oui, je veux devenir sa figure de ce qu'il nomme un

« arnaque » qui a banni la société de lui-même : « *Je suis résolu à me laisser captiver par rien, à ne rien prendre au sérieux, en dernière analyse… Non, certes, à la manière des nihilistes, mais plutôt en enfant perdu, qui, dans le no man's land d'entre les lignes des marées, ouvre l'œil et l'oreille.* » Je veux être libéré du bruit des passions extérieures et libre dans l'intérieur de mon être souverain, trouver en moi la neutralité : « *On n'est concerné que là où, et aussi longtemps qu'il vous agrée. Quand on n'a plus son confort dans l'omnibus, on en descend.* » Je déclare forfait en somme.

J'explique vaguement et dans les grandes lignes mon drôle d'état d'esprit actuel à l'éditeur. Je tente ainsi de justifier mon manque d'envie d'écrire. Je ne supporte plus d'être jugé. Il sourit et n'insiste pas : « *De toute manière tu ne me rapportes pas un clou hein !* » On en est au moins à notre dixième *Bud* chacun. Et puis de toute manière, me dit-il : « *n'est-ce pas la meilleure solution pour vivre une vie philosophiquement ? Tu connais bien entendu la phrase de Montesquieu : " C'est une chose extraordinaire que toute la philosophie consiste dans ces trois mots : Je m'en fous ". Je suis sûr qu'il nous dirait aujourd'hui de moins regarder les chaînes d'infos, mais davantage les soirées de Red Zone de la NFL !* »

Je pense au détachement et au mépris qu'affiche Stendhal à partir d'un exil italien et d'une désertion de la vie sociale où il commence à mentionner dans ses correspondances et textes, le sigle SFCDT, soit Se Foutre Carrément De Tout.

On est bien pétés et voilà que le patron nous offre en plus le digestif, deux shots de *Jack Daniel's*. L'éditeur n'ira finalement pas bosser cet après-midi, il préfère venir m'accompagner au *Bricomarché* juste à côté. Ça nous fera dessaouler un peu.

Jeudi

Pour bien voir les matchs, j'ai besoin d'un *Basement.* Avant que la voix de mon père ne me reproche encore cet anglicisme, je vous explique… La traduction française c'est « sous-sol », mais c'est un truc très caractéristique des États-Unis et vous l'avez tous déjà vu dans des films ou des séries de type sitcom. En fait, cela part de l'aménagement d'une salle pour les gosses et les ados. On fout un canapé, une télé, des jeux… Afin qu'ils soient indépendants, dans leur espace rien qu'à eux, où ils peuvent traîner… Si vous regardez la série *Stranger Things*, c'est la salle où les jeunes jouent à « Donjons et Dragons ». Si vous regardiez la sitcom *That '70s Show* c'est là où les jeunes fument des joints. Si vous avez vu le film *Wayne's World* c'est là où les deux jeunes débiles enregistrent leur émission de télé pirate… Il s'agit d'un aménagement typique dans les logements de banlieues américaines. Ces quartiers *Suburbs* sur le modèle des Levittowns – du nom d'un des premiers promoteurs ayant « fordisé » leurs constructions dans les années cinquante – composés de pavillons identiques avec le petit carré de pelouse devant, l'allée vers le garage sur le côté, et s'étendant à perte de vue dans d'immenses lotissements. Comme pour beaucoup d'autres choses, et comme je l'ai déjà consenti aux voix, je reconnais aussi que l'imaginaire unique américain et sa diffusion massive et impérialiste ont conduit à répandre cet aménagement domestique très culturellement américain dans le reste du monde. Un peu comme leur football…

L'autre phénomène lié au *Basement*, consiste dans son accaparation par non plus des « jeunes », mais des adultes, essentiellement des hommes. Les sous-sols pour traîner sont devenus des salles aménagées par des hommes qui créent des espaces dans la résidence familiale pour traîner avec leurs passions adolescentes : des écrans pour regarder le sport et jouer aux jeux vidéo, des décorations liées à la culture pop avec des posters de leurs films et séries préférés, des figurines de collection, des maquettes d'engins spatiaux, des bandes dessinées… On parle de *Man Cave*.

La voix de mon père s'impose : « *L'américanisme ne rend donc pas seulement crétin, mais aussi très régressif et puéril !* »

C'est vrai que cela ressemble beaucoup à une cabane pour adolescent attardé. Le fait que des adultes de notre génération trouvent le besoin d'aménager de tels lieux en dit certainement beaucoup sur une sorte de plaisir régressif ou besoin d'immaturité. Depuis l'enfance, les mecs se mesurent la teub, afin de se comparer, se rassurer, et dire qu'ils ont la plus grosse. Le capot des bagnoles sportives a pris la suite, mais désormais c'est la taille en pouces ou centimètres des écrans plats géants qui compte.

La voix du psy : « *C'est le syndrome de Peter Pan, ce refus de vouloir totalement grandir, ce besoin de garder un quelque chose qui nous rappelle les années d'insouciance. Ce n'est pas forcément une mauvaise chose en soi, mais il faut être prudent à son excès, il ne faut ne pas s'enfermer dans ce* "safe space"*, cet espace sécurisé au risque de trop s'isoler socialement. Pour ce qui est de la taille du sexe, disons que c'est un autre sujet…* »

Encore une fois c'est la figure de l'arnaque qui s'impose dans cette recherche d'un abri face au chaos du monde extérieur. Le personnage de Venator dans *Eumeswil* de Jünger veut se rendre invisible, et trouve dans la forêt un ancien blockhaus à aménager. Il retrouve ainsi ses sensations enfantines quand il rêvait de se cacher – ou mieux disparaître – alors qu'il s'esseulait dans le grenier familial se métamorphosant en muscardin, son animal-totem : « *Là, j'étais l'enfant dans le sein de sa mère. Pourquoi faut-il que cet état ait pris fin ?* »

L'imagerie du *Basement* est partout sans qu'on le perçoive vraiment. La plupart des émissions de podcast sur Internet reprennent les codes avec le mur de briques des sous-sols, les étagères remplies de bibelots vintage… En m'inspirant de ce qui se fait avec de nombreuses photos et vidéos de réalisations par des fans de sport, je remarque qu'il y a aussi toujours un bar. Le truc du *Basement* est quand même très « genré » comme on dit. C'est un truc de mec pour boire aussi des bières tranquillement avec les potes qu'on invite à la maison. Le souci avec cette vision du *Basement*, c'est que moi c'est dans la chambre de mon fils que j'ai décidé de le créer. Quand le petit a vu les photos, ça lui a forcément plu. Mais on allait vraiment devoir le « vendre » à sa mère comme une sorte de cabane pour mieux regarder les matchs, plutôt que comme un saloon privé.

La voix du mec dans la vidéo qui tourne en boucle en tête de gondole de *Bricomarché* : « *Créez votre propre mur en briques blanches ou rouges avec cette plaquette de parement totalement révolutionnaire. Il s'agit de plaques de briques murales en polyuréthane, plus vraies que nature, imitant parfaitement l'aspect des briques. C'est simple à installer et le polyuréthane apporte de nombreuses caractéristiques qui en font un revêtement mural idéal : léger, solide, résistant au feu, isolant thermique, acoustique et phonique !* »

J'ai également acheté du lambris afin de mélanger avec le parement mural pour donner un aspect plus authentique faisant croire à un vrai sous-sol de série télé amerloque. C'était un conseil dans un tuto sur Internet. Et ça commence à bien le faire. J'ai fait aussi encadrer quelques maillots de clubs de foot qui sont trop petits pour mon fils, mais qu'il veut garder précieusement, ainsi qu'une étagère pour mettre ses figurines et une partie de sa collection de casquettes de clubs de foot – on va dire soccer maintenant – de baseball et football américain dont pas mal des Lions de Détroit. Mon influence quand même…

La voix de mon fils : « *Mais pourquoi on supporte Détroit ? Ils sont nuls ! C'est la hess !* »

Comme beaucoup de personnes de ma génération, je pense que j'ai entendu pour la première fois parler de cette ville en regardant le film *Robocop* à la fin des années quatre-vingt. Détroit avait été choisie pour illustrer cette farce violente de science-fiction, car elle incarnait à l'époque la pire ville en matière de criminalité.

Pour l'équipe de football des Lions, c'est grâce à Axel Foley qu'incarnait à l'écran Eddie Murphy dans *Le Flic de Berverly Hills*. Il portait souvent une veste de l'équipe de sa ville natale alors qu'il enquêtait dans les rues du quartier le plus huppé de Los Angeles.

Ces deux souvenirs cinématographiques ont ancré dans ma psyché une curiosité, voire un intérêt pour l'histoire de cette ville qui servait dans les deux cas d'épouvantail dans un effet de contraste.

En plus, la ville a été fondée par un Français, Antoine Laumet, originaire du Tarn, un département voisin de chez moi. Cet explorateur et aventurier de la traite des fourrures en Nouvelle-France crée en 1701 le Fort Pontchartrain du Détroit. Il se fait alors appeler Antoine de Lamothe-Cadillac – donnant ainsi son nom d'emprunt en 1901 aux célèbres voitures américaines pour la commémoration du bicentenaire de la ville qu'il a fondée.

J'ai suivi en 2013 l'affaire de la faillite de la ville dans les médias. On disait à la télévision que la municipalité allait être obligée de vendre des tableaux de son musée pour éviter la banqueroute.

Cette ville cumulait toutes les tares et les difficultés après avoir été frappée par la désindustrialisation alors qu'elle avait été un des principaux poumons de l'économie américaine depuis Ford et toutes les usines automobiles. Elle avait connu en 1967 des émeutes raciales dans les plus sanglantes de l'histoire des États-Unis. Plus de deux tiers de sa population ont quitté la ville qui a été abandonnée aux criminels – d'où le décor pour *Robocop*. La corruption municipale a régné avec un maire arrêté jusqu'à la mise en faillite de la ville.

Et pourtant, Détroit a connu une spectaculaire renaissance. Le « Renaissance Center » est d'ailleurs le nom du groupe d'emblématiques buildings situés au bord de la rivière face au Canada et où se trouve le siège de la *General Motors*. Cette ville perpétue plus qu'aucune autre le mythe du phénix. Détroit a d'ailleurs pris comme devise depuis l'incendie qui l'a ravagée en 1805 : « *Nous espérons des temps meilleurs, elle renaîtra de ses cendres.* »

Une telle résilience étonne et intrigue. J'ai donc voulu la prendre pour exemple comme modèle de développement urbanistique durant mes années d'engagement politique. Ce fut d'ailleurs l'occasion d'un voyage d'étude dans le Michigan.

J'appris que la banqueroute que nous avons trop souvent regardée en France comme un événement tragique a finalement permis à la ville d'éponger ses dettes grâce à une mobilisation publique et privée appelée « The Grand Bargain ». En seulement une année la ville a pu repartir de zéro et financer un programme de retour des services publics sans avoir à vendre ses œuvres d'art comme cela avait été envisagé et comme on le croit encore dans la légende maudite de la ville. L'autre événement majeur qui marque la renaissance de Détroit et qui m'a inspiré à l'époque est l'investissement privé par deux très grandes fortunes de la ville. À coups de milliards, ils ont littéralement racheté le centre-ville, *Downtown*, pour accueillir les bureaux de leurs compagnies et loger leurs employés. Bien entendu cela rappelle l'industrialisation automobile de la ville avec Henry Ford et la nécessité d'accueillir ses ouvriers. Une population de jeunes blancs de classe sociale aisée est venue donc remplir un centre-ville qui s'était totalement vidé. Ce type de phénomène de gentrification est assez mal vu en France, car considéré comme une sorte de « Chasse aux pauvres ». Pourtant je n'ai récolté sur place que des remontées positives, quelle que soit la communauté, l'origine, ou la fonction des personnes rencontrées. Tout le monde considère que malgré l'absence de mixité au centre-ville, la gentrification a permis de sauver des immeubles vacants, le retour d'habitants, de travailleurs et donc de contribuables qui alimentent les caisses de la ville permettant ainsi une intervention publique dans les autres quartiers pauvres de la ville. Grâce à Détroit je défendais donc une gentrification positive et redistributrice comme modèle de renouvellement politique et je reprenais jusqu'à l'imprimer sur des t-shirts un slogan de la ville : « *Si Détroit peut le faire, tout le monde peut le faire…* »

La voix intérieure me rappelle perfidement que cela n'a pas suffi pour gagner l'élection municipale dans mon bled. C'est vrai, mais finalement je me suis aussi débarrassé du poids et de la responsabilité de devoir m'occuper des autres. J'ai pu me recentrer sur mes proches et me détacher du reste. Et je t'emmerde.

En y repensant et en expliquant à mon fils, pourquoi Détroit, je me rends compte qu'il s'agit d'une rencontre avec une ville dont je ne me suis jamais remis. J'adore le côté rebelle et surtout outsider de Détroit. Un état d'esprit « All Grit », comme dans le slogan et la chanson officielle des Lions par le rappeur P.L., qu'on pourrait traduire par « Tous serrant les dents ». Ce côté *gritty* de la ville et ses habitants est d'ailleurs perpétuellement entretenu et confirmé dans la culture populaire depuis des années.

Le monument à la gloire du boxeur Joe Louis, champion poids lourds sans discontinuer et sans aucune défaite de 1937 à 1949 est une sculpture massive représentant un énorme poing d'acier, comme un uppercut à la face du reste du monde, « Detroit vs Everybody » est d'ailleurs tagué un peu partout en ville.

La musique techno – pas la gentille house music de Chicago héritière du disco – mais la musique électronique dure, brute, répétitive et industrielle, celle du label Underground Resistance, de Juan Atkins et de Jeff Mills, est née à Détroit. Le rap sans concession d'Eminem, un des rares petits blancs du Business est respecté de tous et qui fait le tour du monde vient des sales quartiers de la ville.

Soutenir les Lions de Détroit alors qu'il s'agit d'une des rares équipes à ne jamais avoir gagné ni même participé au Super Bowl est encore plus beau dans le geste. J'aime les *underdogs*, j'aime les ratés, je crois parfois que comme ce timbré scandaleux de Limonov moi aussi : « *j'ai pris le parti du mal : des feuilles de chou, des Tracts ronéotés, des mouvements et des paris qui n'ont aucune chance. Pas la moindre. J'aime les meetings politiques ne réunissant qu'une poignée de gens, et la cacophonie des musiciens incapables dont les visages disent assez qu'ils sont des ratés chroniques. Jouez donc, mes enfants, jouez… Et je hais les orchestres symphoniques, les spectacles de ballet, j'égorgerais tous les violonistes et violoncellistes si j'avais un jour le pouvoir.* »

Je me calme. Je souffle et j'essaie de faire comprendre cela à mon fils, mais ce n'est pas évident, les enfants préfèrent bien souvent soutenir ceux qui gagnent toujours et ne comprennent pas encore l'attachement que l'on peut avoir pour les causes perdues du sport. La nouvelle génération est d'autant plus indifférente à un certain romantisme de la *Lose*, qu'elle ne vénère que la *Win* des influenceurs à succès sur les réseaux sociaux. Je lui répète pourtant que la joie n'en sera que plus belle quand ils gagneront enfin, que parfois les perdants sont magnifiques dans leur quête, et qu'en attendant cela forge le caractère de supporter des clubs qui se ramassent la gueule. Je vois que le message passe quand les dimanches de match il arbore fièrement le maillot bleu Honolulu du receveur de légende des Lions, Calvin Johnson, dit « Megatron », qu'on avait trouvé dans une friperie de Barcelone. À moins que cela soit seulement pour me faire plaisir. Ce qui me touche encore plus. J'ai vraiment de la chance.

La voix intérieure décidément dégueulasse aujourd'hui me rappelle avec son sourire en coin que « mon fils » a un père et que ce n'est pas moi.

J'ai lu dans un entretien accordé par le philosophe et écrivain Tristan Garcia, qu'enfant il avait toujours considéré avoir deux pères et deux mères, qu'il n'avait jamais voulu différencier entre ceux qui l'avaient élevé.

Je me souviens aussi de la belle phrase de Schiller, que Donna Tartt a repris dans un de ses romans : « *Ce n'est pas la chair et le sang, mais le cœur qui fait de nous des pères et des fils.* »

La voix intérieure n'a pas l'indécence de répondre à ça et me laisse un peu tranquille.

Vendredi

Ce sont encore des prétextes bien foireux. Choisir la chambre du petit pour les travaux de *Basement* était certes un moyen de lui faire plaisir, de pouvoir partager des moments père-fils comme dans une sitcom américaine, mais nous aurions tout aussi bien pu le faire ailleurs dans la maison. La localisation du futur *Basement* ne devait rien au hasard, c'était la salle la plus éloignée de la rue, celle où on entendait le moins le bruit provenant de ce sale monde dehors.

La voix du psy : « *C'est donc encore un biais cognitif chez vous. En gros, vous validez et vous confirmez vos choix de vie par rapport à des idées préconçues et qui vont bien entendu dans le sens de ce que vous souhaitez.* »

Il n'est pas possible de créer mentalement un cocon hermétique à l'actualité du monde extérieur – ce que je souhaitais – sans le matérialiser physiquement – ce que je réalisais dans la chambre de mon fils.

Je vis face à la préfecture. Le pire endroit dans une ville de province, si comme moi on a décidé de pêcher à la ligne à côté de l'Histoire.

La proximité immédiate avec ce lieu symbolique du pouvoir, oblige à voir passer sous son balcon et à entendre les agriculteurs déverser du fumier, les instituteurs manifester en dehors des vacances scolaires, les propalestiniens demander l'éradication d'Israël, les chauffeurs de taxi klaxonner, les pompiers brûler des pneus, les féministes gueuler : « *À bas le patriarcat, en haut les clitos!* »…

Je ne voulais plus avoir d'avis. Entendre n'importe quelle manifestation d'opinions diverses me forçait à prendre parti, même inconsciemment. Il fallait m'éloigner de ce vacarme.

La voix du mec dans la vidéo qui tourne en boucle en tête de gondole de *Bricomarché* : « *Le plan antibruit chez soi? Trois interventions! Premièrement vous devez agir sur les fenêtres avec un équipement aux normes BBC et RT2012 sur les accès donnant sur la voirie.* »

En plus de la préfecture, je suis voisin de la maison natale de Robert Brasillach, écrivain au talent littéraire reconnu, manquant de peu le prix Goncourt en 1939 avec *Les Sept Couleurs*, mais qui est surtout resté célèbre pour ses intolérables écrits antisémites dans le journal collaborationniste *Je suis partout*, et pour son exécution à la Libération.

Il n'y a bien entendu aucune plaque de commémoration sur l'immeuble étroit et banal à côté de chez moi. Il ne viendrait d'ailleurs heureusement à l'esprit de personne de signifier celui-ci avec le risque de le voir devenir un lieu de commémoration pour une poignée de nostalgiques… Cela ne serait pas bien moralement et surtout pas pour mon petit confort égoïste. J'aspire au calme, ce n'est pas pour avoir une manifestation et une contre-manifestation séparées par un bus de CRS en bas de chez moi tous les hivers ! Les membres de divers groupuscules se réunissent chaque dimanche de février le plus proche de la date du décès de l'écrivain au cimetière parisien de Charonne, avec – c'est nouveau ça – du remous depuis quelques années. Mais dans ma ville, pourtant tenue par un apparatchik des Le Pen, cela ne devrait pas arriver, l'édile étant un stratège de la dédiabolisation et d'une politique centriste molle du genou, limite rad-soc-cassoulet.

Non, vraiment, monsieur le maire, mesdames et messieurs les membres clairsemés de l'extrême droite française, je veux du silence et une plaque sur la maison natale de Brasillach ne manquerait pas de faire trop de bruit.

En 2003 déjà, le département, dirigé par un élu socialiste, avait financé une encyclopédie sur les lieux et personnalités emblématiques du territoire. Un des articles traite de Robert Brasillach et fait alors scandale. Il est rédigé par le président d'une association littéraire locale, devenu aujourd'hui l'adjoint chargé de la Culture du maire Rassemblement National. Il y est fait mention clairement de « *l'engagement dans la collaboration* », de « *la sympathie pour le régime nazi* » et d'un « *homme qui s'est trompé lourdement* ». Cependant, Robert Brasillach y est également décrit comme « *une victime, à 35 ans, d'un des drames de l'épuration* ». Aïe !

Ce qualificatif de « victime » ne passe pas, même en faisant référence au procès sommaire et expéditif de Robert Brasillach. Même s'il s'est rendu de lui-même à la suite de l'arrestation de sa mère et alors que beaucoup de collabos des arts et des lettres ont fui ou tenté de renier leurs écrits, de faire valoir leur droit de retrait, voire de les cacher ou même de les imputer à d'autres pendant de longues années… Même en faisant référence à sa condamnation à mort là où beaucoup ont été épargnés au nom du « Droit à l'erreur » et de la séparation entre « l'œuvre littéraire » et « l'œuvre pamphlétaire » que défendait mordicus par exemple Jean Paulhan, qui fut résistant, mais farouchement opposé à l'épuration littéraire voulue par ceux qu'il qualifiait avec ironie de « vertueux »... Même si une pétition pour sa grâce a été lancée par François Mauriac et signée entre autres par Albert Camus, Colette, Paul Valéry, Jean Anouilh, Marcel Aymé... Même si Robert Brasillach a trop tardivement et pas assez exprimé ses doutes quand il quitte la rédaction de *Je suis partout* et affirme à un autre auteur antisémite et bientôt condamné à mort, mais ayant quant à lui bénéficié de la loi d'amnistie, Lucien Rebatet : « *Je pense qu'il ne faut plus parler des juifs, c'est devenu inutile et choquant. Je suis allé en Pologne ce printemps, j'ai vu les ghettos, je sais ce qui se passe dans ceux de Lodz, de Lwow, de Varsovie. C'est le massacre ou l'extermination par la faim. Nous ne pouvons pas avoir l'air d'approuver ça...* »

Non, ce qualificatif de « victime » ne passe pas en 2003. C'est ainsi que par conviction « humaniste » et aussi certainement par opposition politicienne face à son adversaire socialiste président du conseil général qui a subventionné l'encyclopédie, le maire de droite de l'époque est vent debout contre cet article. Néanmoins, il n'oublie pas à l'époque de séparer l'œuvre de l'auteur : « *Que l'on porte un jugement littéraire sur Brasillach ou son œuvre, je n'ai rien à dire. Mais que l'on fasse une analyse biographique en omettant d'expliquer la violence antisémite de Brasillach, son rôle d'intellectuel engagé dans une période qui a été la honte de l'histoire de l'humanité, ceci n'est pas admissible.* »

Vingt ans plus tard, il serait toujours difficile de qualifier Robert Brasillach de « victime » en raison de ses intolérables tribunes antisémites s'apparentant parfois à des appels aux meurtres.

Mais ce qui a radicalement changé en vingt ans depuis 2003, c'est qu'aujourd'hui nous ne pouvons plus séparer l'œuvre littéraire de l'auteur antisémite comme le faisaient pourtant même les détracteurs de l'encyclopédie locale.

Le « présentisme » s'est en effet davantage développé depuis vingt ans, avec l'interprétation du passé à travers le prisme du présent, sans aucune mise en perspective historique.

Dans le très beau roman *Robert B. Sept nuances de gris* de François Jonquères racontant le destin de plusieurs personnages – dont une jeune fille juive – amoureux de l'œuvre de Robert Brasillach, l'un d'eux rappelle que certains de ses articles dans *Je suis partout* étaient certes « *d'une rare violence* », mais malheureusement « *n'étaient souvent que dans l'air d'un temps cruel et injuste* ».

En se focalisant sur la seule figure expiatoire de Robert Brasillach, l'exécution isolée d'un écrivain permet encore aujourd'hui de mettre sous le tapis le fait que cet antisémitisme était malheureusement très partagé dans la France des années trente et quarante, même chez des auteurs qui ont su ripoliner leur exemplarité. Condamné et fusillé prestement, comme l'écrit Jean Lacouture : « *Qui ne sait pourtant, que, deux ans plus tard, Brasillach aurait écopé de cinq ans de prison et siégerait aujourd'hui à l'Académie ?* »

Il n'y a donc toujours aucune contextualisation du cas Robert Brasillach, et cela semble arranger beaucoup de monde…

La voix de Nicolas, un ami historien : « *Le symbole fort de cette singulière exécution sert paradoxalement aux nostalgiques fachos, car l'exécution d'un homme pour ses écrits, ce n'est pas très glorieux ni jojo pour la République française. Donc, c'est pratique pour l'extrême droite et il est normal qu'elle mette cela en avant.* »

Tout ce foin pour mon voisin encombrant m'amuse un peu quand même, alors que sur le trottoir de sa maison natale, sans le savoir, des militants propalestiniens manifestent en ce moment tous les samedis pour des revendications légitimement humanitaires à la base, dans la mesure où des civils meurent en masse à Gaza, mais déviant chaque fois sur les slogans antisémites

« du fleuve à la mer » soit l'éradication d'Israël et des juifs.

Les Américains sont encore plus cons sur ça. Ils sont tous tombés par exemple sur un gars comme le rappeur Kanye West, un génie de la musique, mais dont on ne sait plus toujours distinguer le talent, de la provocation ou de la folie.

Il était le seul artiste noir de renom à soutenir Trump en 2016, il avait lancé en 2020 une pathétique tentative de campagne présidentielle mort-née et terminée lors d'une conférence de presse de la star en pleurs avec des propos assez incompréhensibles, il arborait un sweat-shirt avec l'inscription *White Lives Matter* pendant un défilé-concert à Paris en 2022, puis balançait l'automne de la même année une série de tweets antisémites sans queue ni tête.

Dans les médias prétendument progressistes américains, beaucoup y ont vu une nouvelle preuve de son « *instabilité mentale* » en le traitant ouvertement comme le rappelle horrifié Bret Easton Ellis de « *Noir de pacotille* », de « *salaud avide d'attention* », qui devait être « *hospitalisé* », car c'est « *ce qui arrive quand un Noir ne lit pas de livres et vote Trump* ».

Le plus absurde dans l'histoire, c'est que la folie d'un Kanye West a été forcément associée à l'antisémitisme des skinheads et autres néonazis ne pouvant venir que du milieu des *Rednecks*, cette Amérique identifiée péjorativement comme celle des « Culs-terreux », des « Petits blancs » dans les territoires ruraux et trumpistes.

Le cliché a été surexploité dans la production audiovisuelle américaine et donc dans l'imaginaire collectif du monde entier à cause de l'américanisme dont nous avons déjà parlé ensemble…

Comme dans tout cliché, celui-ci comporte une part de vérité, mais celle-ci masque une réalité plus dérangeante d'un antisémitisme aux États-Unis ayant basculé sur l'échiquier politique et dans la société. Seuls 5 % des incidents antisémites nord-américains sont aujourd'hui perpétrés par des militants d'extrême droite, la grande majorité est ainsi due à une extrême gauche décomplexée depuis la riposte israélienne après les crimes terroristes du Hamas le 7 octobre 2023. Un antisémitisme qui se situe géographiquement dans les métropoles démocrates et les campus universitaires chics et libéraux, chez les privilégiés de gauche et prétendument progressistes et marginalement donc du côté du petit plouc blanc qui a un grand drapeau nazi accroché dans sa caravane et qui se balade dans son pick-up polluant avec son chien et son fusil, les bras tatoués de croix gammées.

La voix de mon père ricane : « *L'américanisme devient donc aussi un antisémitisme ?* »

Il y a une perte de repère et de décence dans les autoproclamées élites occidentales. On ne peut pas le nier… Et comme l'américanisme « nous submerge » forcément, avec un léger décalage, comme la mode entre Paris et la province, nous aurons – si ce n'est pas déjà le cas – le même antisémitisme majoritaire provenant des beaux quartiers. Comme certains qui viennent manifester et faire du bruit en bas de chez moi et qui m'obligent donc à changer les fenêtres pour regarder tranquillement les matchs à la télé.

La voix du mec dans la vidéo qui tourne en boucle en tête de gondole de *Bricomarché* : « *Seconde étape du plan antibruit chez soi ? Les murs, avez-vous pensé aux étagères avec des livres. Même des faux, car l'utilisation de livres lourds sur plusieurs étagères permet de créer une barrière acoustique. Lorsqu'ils sont combinés, les étagères et les livres créent ainsi une barrière épaisse que le son ne peut pas pénétrer, ce qui constitue essentiellement un deuxième mur pour votre appartement.* »

Des faux livres ? J'ai déjà vu des vidéos d'influenceurs conseillant d'acheter des livres factices pour déposer sur une table basse ou sur une étagère de bibliothèque. Le livre devient simple élément de décor confirmant ce basculement culturel « du trait vers la tache ». Cela sous-entend aussi la transformation du livre, outil de réflexion et d'ouverture d'esprit, en un objet inoffensif de décoration, tel un vase de fleurs en plastique ou un joli bibelot quelconque.

J'aime au contraire la littérature dangereuse, qui bouscule nos vérités, qui dérange. Tout l'inverse de ces faux livres d'insonorisation.

Je vois ainsi passer en bas de chez moi les manifestants propalestiniens. Il y a quelques mamans maghrébines portant le voile et des rebeus avec keffieh, ce qui me paraît logique voire légitime, mais finalement ils sont très peu. C'est en fait une très grande majorité de vieux blancs avec un look gauchiste et d'ancien soixante-huitard. Ça me fait sourire de les voir scander des slogans hypertendancieux qu'on peut considérer comme antisémites, alors qu'ils défilent devant la maison natale de Brasillach. Ils n'avouent pas qu'ils sont antisémites, mais cachent leur antisémitisme derrière un antisionisme revenant au même. Pourtant, ces mêmes militants gauchistes sont les premiers à donner des leçons de morale contre quiconque tenterait de réhabiliter l'œuvre de Brasillach ou celle de tout autre auteur qu'ils qualifient de fasciste.

À titre personnel je fais partie de la catégorie de ceux qui parviennent à séparer l'œuvre de l'auteur, mais l'époque n'est pas à la nuance en la matière. Difficile dans ces conditions d'admirer par exemple ouvertement un film de Polanski, un tableau de Gauguin, un livre de Céline sans passer pour un salaud dans une confusion très contemporaine entre le public, l'œuvre et les agissements de son auteur. On ne peut et on ne doit plus séparer l'œuvre de l'auteur d'après la nouvelle doxa. Terminée la prise en compte de la seule valeur interne de l'œuvre sans les éléments contextuels externes liés à son auteur.

Pourtant, dans ce climat manichéen, Annie Ernaux, héroïne de ces manifestants en bas de chez moi par son militantisme d'extrême gauche, se voit décerner le prix Nobel de littérature en 2022… Quoi ? Pas plus de réactions offensées ? Ou si peu… Pas d'appel au boycott, au lynchage public pour ses positions antisionistes que certains, si elles venaient d'autres personnes qu'une écrivaine ouvertement « de gauche », qualifieraient d'antisémites ? La frontière entre ces notions auxquelles on peut rajouter l'antijudaïsme est très fine, voire inexistante, masquant mal, quel que soit le vocable utilisé, une hostilité envers les juifs.

La lauréate du prix Nobel de littérature a toujours défendu les opprimés palestiniens – pourquoi pas – mais jusqu'à prendre des positions radicales antisionistes. Elle s'est notamment indignée contre l'alliance culturelle entre la France et Israël en signant une lettre qui mentionne que « *c'est une obligation morale pour toute personne de conscience de rejeter la normalisation des relations avec l'État d'Israël* », elle a signé une pétition de soutien à un terroriste libanais condamné pour deux meurtres de diplomates, et a soutenu la militante Houria Bouteldja qui affirme : « *On ne peut pas être israélien innocemment.* » On ne l'a pas entendue après les massacres du 7 octobre, et elle s'est réveillée seulement au moment des représailles armées intensives d'Israël dans la bande de Gaza. Évidemment…

On peut cependant objecter qu'Annie Ernaux a seulement été conforme à l'idéologie prônée dans son milieu intellectuel d'extrême gauche. Dans celui-ci on est prompt à défendre tous les opprimés, mais on considère depuis bien longtemps que le juif ne mérite pas une telle considération. Pour reprendre un terme utilisé par l'extrême gauche, le juif est un « Super blanc » dans le sens de la construction et de la domination sociales, donc un privilégié. Il est ainsi non défendable pour les militants racialistes de la lutte antiraciste, et tant pis si cela fait défendre parfois l'indéfendable…

Quitte à récompenser l'engagement d'un auteur, l'Académie suédoise aurait été bien plus inspirée de récompenser Salman Rushdie qui a perdu l'usage d'un œil et de sa main suite à son agression pour la rancune islamiste trente ans après une fatwa… Michel Houellebecq qui concourait également la même année pour le Nobel est constamment réduit à l'islamophobie, l'attribution du Nobel en 2019 à l'écrivain Peter Handke a été très critiquée à cause de ses positions concernant la guerre en ex-Yougoslavie, mais Annie Ernaux a le privilège, elle, de voir séparer son œuvre de son antisionisme.

Et finalement tant mieux ! Si on défend la séparation de l'œuvre de son auteur, cela doit être vrai pour tous et toutes. Si cela généralise et accrédite enfin la jouissance d'œuvres belles même si elles proviennent d'âmes moches, voilà une avancée positive.

Si une écrivaine a montré sa farouche opposition à la séparation de l'œuvre et de l'auteur, c'est bien Virginie Despentes qui s'est fendue d'une tribune à l'occasion de la récompense décernée à Roman Polanski lors des Césars de 2020, devenue déclaration officielle de ce refus : « *Désormais on se lève et on se barre.* » Elle y affirme entre autres : « *Parce que vous pouvez nous la décliner sur tous les tons, votre imbécillité de séparation entre l'homme et l'artiste – toutes les victimes de viol d'artistes savent qu'il n'y a pas de division miraculeuse entre le corps violé et le corps créateur. On trimballe ce qu'on est et c'est tout.* »

Pourtant, quand comme moi on est admirateur de l'œuvre littéraire de Virginie Despentes, il faut faire un sacré effort intellectuel pour pouvoir séparer son œuvre romanesque des saloperies qu'elle peut dire en dehors… Pensons par exemple à son odieuse déclaration quelques jours après les attentats de janvier 2015 dans laquelle elle glorifiait les deux terroristes : « *J'ai été aussi les gars qui entrent avec leurs armes. Ceux qui venaient de s'acheter une kalachnikov au marché noir et avaient décidé, à leur façon, la seule qui leur soit accessible, de mourir debout plutôt que vivre à genoux. J'ai aimé aussi ceux-là qui ont fait lever leurs victimes en leur demandant de décliner leur identité avant de viser au visage. [...] Je les ai aimés dans leur maladresse – quand je les ai vus armes à la main semer la terreur en hurlant " on a vengé le Prophète " et ne pas trouver le ton juste pour le dire. Du mauvais film d'action, du mauvais gangsta-rap. Jusque dans leur acte héroïque, quelque chose qui ne réussissait pas. Il y a eu deux jours comme ça de choc tellement intense que j'ai plané dans un amour de tous – dans un rayon puissant.* » Ses défenseurs objecteront qu'à l'inverse de Roman Polanski elle n'a violé personne… Peut-être la mémoire des victimes des attentats, non ?

Malgré cela, oui je sépare « Les Jolies Choses » des choses dégueulasses que Virginie Despentes peut raconter… Je comprends que la séparation de l'œuvre et de l'auteur puisse être refusée, mais seulement selon une application restrictive et stricte du principe de la « continuité » dans l'œuvre littéraire de la personnalité et des prises de position illégales d'un auteur. Toujours est-il que ni l'antisémitisme de Brasillach – pourtant assumé jusqu'à sa mort – ni l'antisionisme d'Ernaux – alors que son œuvre est toute basée sur l'autoanalyse se mêlant à ses expériences et convictions politiques intimes – ne peuvent être considérés comme en « continuité » dans leur œuvre littéraire.

Nous devrions donc pouvoir apprécier leur mérite littéraire sans oublier le reste, même le pire.

Mais force est de constater que personne n'est venu dire que la séparation entre l'œuvre et son auteur est désormais véritablement enfin acquise…

En effet, ce n'est pas parce qu'Annie Ernaux a obtenu le Nobel et qu'il a fallu taire ses positions antisionistes, voire quasi antisémites, qu'on a pour autant vu d'un autre côté réhabiliter les œuvres – et rien que les œuvres littéraires n'est-ce pas – d'individus infréquentables par leurs écrits non littéraires infâmes d'antisémitisme comme mon encombrant voisin Brasillach… À défaut d'une bienvenue acceptation générale de la séparation de l'œuvre et son auteur, alors que l'antisémitisme est dégueulasse d'où qu'il vienne, c'est la confirmation encore aujourd'hui, comme durant l'épuration, de la permission hideuse de dégueuler sa haine du juif quand on est de gauche, donc moralement irréprochable, comme ces bruyants manifestants qui m'imposent de remplir le rayonnage de mes bibliothèques pour atténuer leur barouf dehors.

La voix du mec dans la vidéo qui tourne en boucle en tête de gondole de *Bricomarché* : « *Troisième et dernière étape du plan antibruit chez soi ? Les sols ! Les moquettes, les tapis peuvent aider à absorber les sons. Plus vous aurez de l'épaisseur et de la densité, meilleure sera l'absorption acoustique.* »

Avec mon fils, nous avons décidé d'installer du gazon synthétique en moquette du *Basement*, comme sur un terrain de football. Nous avons également décidé de ne pas en parler en amont à sa mère qui refuserait certainement un tel choix. Le vendeur du magasin *St Maclou* semble également assez perplexe. J'adore l'odeur de ce magasin, cela me rappelle quand j'y allais gosse le samedi avec mon père, une odeur de plastique des fibres synthétiques qui m'enivrait. Mon fils me dit que ça pue. Je comprends que mon appétence singulière pour tout ce qui est chimique vient d'assez loin… Le vendeur est très volubile et n'arrête pas de parler. Il nous explique la différence entre plusieurs modèles et que la première question à se poser est celle de la hauteur des brins, plus elle est haute, plus la pelouse donne une impression de densité, d'épaisseur et de volume comme celle d'une pelouse naturelle, de style « prairie ». L'entretien est plus aisé avec du brin court, un simple brossage annuel suffira, mais une autre question à se poser est celle du piétinement. Il regarde mon fils et nous demande si ce sera pour jouer au rugby par exemple. Il enchaîne tout de suite sur le côté écologique et l'absence d'arrosage. Il rit. Même si un coup de jet d'eau est de temps en temps envisageable, à moins d'attendre qu'il pleuve. Le vert de la pelouse synthétique peut différer aussi selon les modèles. Je n'ose pas dire que c'est pour une chambre, mais bien entendu mon fils lui dit. Je deviens rouge de honte, le vendeur me regarde avec de gros yeux, mais hausse les épaules. Pourquoi pas, hein ? Nous choisissons un modèle intermédiaire appelé « Valencia », d'un beau vert et d'un brin moyen. Quelques mètres carrés suffiront…

La tanière de mon petit grizzly prend forme, même si nous sommes encore en plein chantier du *Basement* avec les rouleaux de gazon pas encore installés. Ma femme a cédé sur cette décoration un peu particulière et nous avons obtenu avec mon fils d'organiser une sorte de *tailgate party* pour ce jeudi de *Thanksgiving*.

Le *tailgate* est un hayon de voiture en anglais. Avant les matchs de football américain, les supporters ont comme tradition de se réunir derrière leurs véhicules sur les immenses parkings des stades afin d'organiser des barbecues et des apéritifs. C'est un phénomène très important dans la mythologie de ce sport, surtout dans une société du tout-voiture et à l'expansion urbaine sans limites. Nous allons adapter cette tradition avec un pique-nique dans la chambre de mon fils devant le match des Lions de Détroit qui accueille traditionnellement depuis 1934 la rencontre de football américain le jour de la *Thanksgiving*.

Chaque dernier jeudi de novembre, nous avons pris l'habitude de fêter la *Thanksgiving*, avec des proches ou tous les trois en famille selon les années si nous avons la garde ou pas du petit. Nous jouons totalement le jeu de cette tradition strictement nord-américaine en respectant tout le folklore adéquat : la dinde farcie, la sauce aux canneberges, la tarte aux noix de pécan, les bières et le soda *Dr Pepper* devant le match de football américain.

Cette fête marque l'Action de grâce de Dieu par le partage d'un repas entre pionniers et Indiens. Elle est complètement étrangère à notre tradition française et européenne, mais, comme le football américain, elle est exportée dans l'imaginaire collectif par l'influence des biens culturels : films, livres, séries…

La voix de mon père : « *L'américanisme est du mime, on singe donc l'*American way of life *exporté par l'impérialisme culturel ?* »

En effet, je ne peux que constater la réussite de la manipulation de longue haleine de la part des États-Unis sur ma façon de vivre. J'ai lu et tellement respecté l'œuvre de Jean-Claude Batz qui rappelait : « *Qui ne voit que l'instillation quotidienne, prolongée depuis l'enfance jour après jour, année après année, le temps d'une vie, d'images, de paroles, de croyances, de valeurs et de modèles ne finisse, au gré d'une inlassable répétition empruntant souvent les voies subliminales, par saturer les champs de l'imaginaire et par corrompre les mémoires originelles, bouleversant par cette transsubstantiation l'univers mental, moral et esthétique du grand nombre et rapprochant chaque jour l'échéance d'une rupture dans la continuité de la civilisation européenne.* »

De fait, je ressens cette même culpabilité que nous avons souvent en tant que Français quand on ose boire du vin ne provenant pas de nos terroirs, pire que tout quand il s'agit d'un vin du Nouveau Monde… Ne suis-je pas un rejeton d'une époque entérinant sa « *Festivation* » totale, telle que la décriait Philippe Muray ? Un « *Homo Festivus* » sorti de l'Histoire, vivant dans une fête en continu ?

Je ressens pourtant, comme pour le football américain, un sens quasi politique à célébrer la *Thanksgiving*.

Pendant longtemps, un des débats sur l'américanisation festive en France a surtout porté sur l'opposition entre Halloween et la Toussaint. Le folklore carnavalesque états-unien, importé dans l'imaginaire collectif par la production cinématographique et télévisuelle, venait en l'espèce déranger la solennité d'une célébration religieuse pour nos morts. Aujourd'hui c'est sur la *Thanksgiving*. Mais américaines ou pas, futiles ou pas, prétextes à la marchandisation ou pas, ces traditions festives qui ne sont pas les nôtres – au sens national, voire continental – relèvent tout de même du même monisme occidental, et donc finalement de la même civilisation.

À l'heure où tout ce que représente l'Occident doit être boycotté, conspué, déboulonné, déconstruit ou tout simplement effacé, il y a donc en moi une sorte de satisfaction – même dans le détail frivole d'un folklore populaire – de défendre un ensemble de valeurs, de vues, et de visions qui composent notre identité commune au sens large. Cela passe donc également par une « *Festivation* » partagée, que cela soit pour Halloween ou *Thanksgiving*, la Saint-Patrick ou le Beaujolais nouveau…

La voix intérieure pense que je vais trop loin dans le biais cognitif et que cette justification civilisationnelle masque mal la réalité dehors de guerres et d'affrontements entre les civilisations justement. Je pense du coup à une actualité entendue furtivement à la radio. Encore un sanglant attentat terroriste. J'ai immédiatement changé de station dans la voiture afin d'écouter *Rire & Chansons*, mais c'était trop tard, faire l'autruche n'est pas évident dans ce bruit de la surmédiatisation du chaos.

Le gosse s'est endormi. On a beau rire de la guerre et de la mort par notre cynisme générationnel fier et bravache, la paternité fait forcément remonter des doutes et des inquiétudes. Nous avons été abreuvés de violence sans en avoir vraiment subi les conséquences, ou si peu par rapport à d'autres. Pourtant la guerre à l'ancienne, celle des tranchées et de la haute intensité se rapproche inexorablement de nos frontières, elle prend même déjà des formes de guerres civiles et de guérillas au coin de rue, au cœur de nos sociétés de paix et de sécurité.

Pour la voix intérieure imitant celle du psy, l'analogie absurde du football américain avec la guerre ne peut servir que : « *d'excuse pour un détachement puéril, un moyen d'éviter un tout autre conflit, celui de la confrontation avec l'autre en soi* ».

D'ailleurs au milieu du roman *End Zone*, Don DeLillo crée une césure, une sorte de parenthèse de métafiction dans laquelle il explique au « *spectateur* » du match qu'il est trop simpliste de faire ce rapprochement du football américain avec la guerre et cite un professeur de l'université, personnage farfelu du roman afin de couper court à ce poncif tellement usité : « *Je rejette l'idée de football comme guerre. La guerre est la guerre. Nous n'avons pas besoin d'ersatz parce que nous avons l'original.* »

Je me voyais fièrement il y a quelques pages de ce récit, donc il y a quelques semaines voire quelques mois, comme un arnaque à la Jünger revenu sans l'oublier tout à fait du lyrisme de la virilité guerrière. Le désenchantement de Jünger comme celui qu'avaient connu et exprimé d'autres combattants avant lui était justifié par la connaissance de la guerre véritable : « *Ce serait mensonge d'affirmer que l'on attend encore avec joie les grandes batailles. C'était peut-être le cas autrefois, lorsqu'on trouvait toujours trop tardif le moment d'en découdre et qu'on avait dans le sang le désir de combattre, comme une nostalgie d'un accomplissement merveilleux. Autrefois, lorsqu'on était encore jeune, et qu'au moment où résonnaient les marches et les chants guerriers le cœur ne pouvait rien imaginer de plus beau que l'ivresse ardente de la bataille et l'action sauvage et virile. Oui, cette magie des armes étincelantes, du sang écumant et du jeu téméraire avec la vie et la mort semblait bien supérieure à tout ce que l'existence pouvait proposer d'autre. Cette époque semble si lointaine – et quoi, suis-je donc entretemps devenu vieux ? Ridicule ! Je n'aurais pas encore terminé mes études si la guerre n'avait pas éclaté. Non, je ne suis pas devenu vieux, mais différent. Parfois, il me semble que je suis saturé, entièrement saturé d'expériences et de sang.* »

La voix intérieure me rappelle que je ne suis en fait qu'un citoyen gâté et fatigué n'ayant connu la guerre que comme une image hollywoodienne, un reportage de *CNN*, une horreur abstraite. Je suis un artiste contemporain peignant des monochromes sans savoir réellement dessiner.

Pourtant j'ai eu cette envie de guerre virile dans le sens jüngerien d'affrontement du réel tel qu'il est, du mépris du danger de la vie quotidienne du bourgeois, cet homme « *qui reconnaît la sécurité comme valeur suprême et détermine en fonction d'elle la conduite de sa vie* ».

Le football américain est à l'opposé de la tiédeur et mollesse du bourgeois, il permet donc peut-être de vivre par procuration des exploits virils et guerriers au-delà de l'ennui ressenti dans une société pacifiée.

La voix intérieure cinglante crie : « *Mais sans aucun risque pour le spectateur, le cul bien vissé sur son canapé ! Il y a un paradoxe à refuser l'engourdissement de la médiocrité d'une société globalisée, pacifiée et marchandisée en regardant un championnat de football américain basé essentiellement sur le profit tiré de millions de consommateurs abreuvés de publicités.* »

Je lui réponds, fatigué. Certes, c'est enfantin, mais c'est également rassurant d'émigrer intérieurement dans cet ersatz de guerre et d'assister à une guerre factice qu'on accuse même parfois d'être scénarisée. Le football américain est finalement une hyperréalité comme dirait Baudrillard, une création ex nihilo bienvenue. Les rivalités entre équipes font ressentir un patriotisme de pacotille pour le spectateur dans une sorte d'*Intervilles* américain ou plutôt un match de catch. Les fédérations américaines de hockey sur glace ont même assez ridiculement institutionnalisé et formalisé la bagarre pendant les matchs avec « The Code », un règlement qui permet à deux joueurs de stopper la rencontre pour se taper dessus, à un contre un, devant les autres joueurs qui attendent patiemment et jusqu'à ce qu'un des joueurs tombe ou que l'arbitre décide d'arrêter la séquence.

Les militaires ont leurs « jeux de guerre », pourquoi les civils n'auraient-ils pas des jeux comme la guerre ?

La scénarisation de ce sport est une théorie complotiste liée aux intérêts financiers en jeu, au système singulier de franchises dans les sports américains, et certainement beaucoup à la bêtise occidentale de grands enfants pensant vivre dans une fiction fantastique. Quand bien même ce serait le cas, je considère que la scénarisation d'une guerre pour un championnat de football américain serait finalement un élément supplémentaire pour reposer mon esprit, pour stopper le bruit dehors. Le fait que tout soit écrit, joué à l'avance, favoriserait le stoïcisme et le fatalisme qu'on réclame de moi. Soumets-toi à l'ordre nécessaire du monde, retrouve enfin la paix intérieure : « *Sa vie sera longue, sa vie sera longue, sa vie sera longue, sa vie sera longue…* »

Et puis de toute manière, malgré ce que pensent les militants et les prétendus sachants, on n'est jamais certain de connaître le bon camp dans les conflits dont parle l'actualité. On sait depuis longtemps que la vérité n'est jamais simple, que les causes des guerres sont nombreuses et qu'il est dangereux et peut-être même un peu malhonnête de prendre pour argent comptant tout ce que dit un belligérant, alors que le cirque médiatique et politique nous impose au contraire de prendre parti, sans nuance, sans réflexion. Au moins, au football américain, les Cowboys de Dallas sont toujours les méchants.

La voix de mon père hurle : « *Mais tu vas enfin grandir ?! Tu regardes des matchs de football américain et tu compares ça à la guerre ?!* »

Mon crâne me fait mal à cause de toutes les ruminations contradictoires. J'ai des larmes qui coulent tellement j'ai l'impression qu'on me pique derrière l'œil avec une pointe aiguisée et rouillée. J'éteins le téléviseur de la chambre de mon fils. Détroit a encore perdu le jour de la *Thanksgiving*, c'est la cinquième année d'affilée. Je ramasse nos canettes et plateaux-repas, je borde le petit et j'éteins la lumière.

Ma femme est partie se coucher bien avant nous. Je prends un *Doliprane* et un *Stilnox* en même temps. Je m'effondre sur le canapé dans le salon, je ferme les yeux et insiste pour moi : le lyrisme de la guerre de Jünger ne peut que parler à ma génération préservée. De là à aller à la guerre comme un jeu, non, mais trouver un jeu semblable à la guerre, oui. Et c'est tellement plus calme pour la génération suivante.

La voix intérieure tempère : « *Tu as raison. Pour le moment.* »

Samedi

J'y suis arrivé. Je vis retranché dans mon *Basement* aux allures de *Dive bar* américain – un bistrot louche. J'ai réglé les contingences matérielles et professionnelles me permettant de vivre en pyjama – même s'il m'arrive de porter chez moi mes santiags achetées sur Internet – et de ne quasiment plus sortir. Je réalise le rêve de Venator chez Jünger : « *Pour moi, la fuite se métamorphosa en luxe de la solitude. Vivre en moine dans une cellule, en poète dans une mansarde, en Robinson dans son île : qui n'en a pas déjà rêvé? En ce qui me concerne, c'était le muscardin, totem de mon enfance, qui reprenait vie dans mon souvenir.* »

Je télétravaille le strict minimum afin de continuer à cotiser pour ma Sécurité sociale et la retraite. J'entretiens mon corps grâce à l'achat d'un banc de musculation et d'un tapis de course *Domyos*, la marque de musculation et de fitness de *Decathlon*. Ça me donne l'impression d'être en isolement dans un quartier de haute sécurité, un peu comme Tom Hardy dans le film *Bronson* de Nicolas Winding Refn en 2008, basé sur l'histoire vraie du « *criminel le plus dangereux de Grande-Bretagne* » : Michael Gordon Peterson, connu aussi pour son livre de gymnastique en cellule, *Solitary Fitness* que j'ai commandé sur *Amazon*. Je fais mes courses par livraison sur le site de *Carrefour*, je mange à peu près la même chose tous les jours, et je me gave de compléments alimentaires : zinc, spiruline, curcuma, thé vert, radis noir… Je commande aussi sur le catalogue pour vieux : « L'Homme Moderne ». J'adore ça… Dans mes derniers achats chez eux : un lot de chemises de nuit *Pierre Clarence* avec d'élégantes rayures bleues et « *coupées dans une popeline pure coton et d'une agréable douceur* », un détecteur de monoxyde de carbone « *gaz inodore et invisible responsable de plusieurs milliers d'intoxications et une centaine de décès par an en France* », et un correcteur de posture « *enveloppant les épaules pour les emmener vers l'arrière, il est doté d'une structure dorsale rigide rendant tout relâchement inconfortable et vous incitant naturellement à vous redresser* ».

Je pourrais être considéré comme atteint du syndrome que les Japonais nomment Hikikomori. C'est ainsi qu'on appelait dans les années quatre-vingt-dix ces adolescents qui ne sortaient plus de leurs chambres pendant des mois, voire des années. Le phénomène s'est répandu avec la crise économique et avec le sentiment de honte de certains hommes dans la société machiste japonaise, de ne plus être en mesure de satisfaire financièrement leurs familles et la société, et qui ont commencé à s'enfermer. Le gouvernement japonais, très rationaliste, définit précisément un Hikikomori à partir de six mois sans sortir de sa chambre. Ils sont plus d'un million dans l'archipel…

La voix intérieure me rassure en m'expliquant que d'après elle je ne suis pas atteint d'une pathologie orientale bizarre, mais que je suis peut-être seulement devenu anarchiste.

Je refuse la comparaison et en appelle encore à Jünger : « *Pour l'anarque, les choses ne changent guère lorsqu'il se dépouille d'un uniforme qu'il considérait en partie comme une souquenille de fou, en partie comme un vêtement de camouflage. Il dissimule sa liberté intérieure, qu'il objectivera à l'occasion de tels passages. C'est ce qui le distingue de l'anarchiste qui, objectivement dépourvu de toute liberté, est pris d'une crise de folie furieuse, jusqu'au moment où on lui passe une camisole de force plus solide.* »

La voix intérieure ironise : « *Pas anarchiste, d'accord, mais au moins atteint de solipsisme, cette philosophie du " Ce n'est pas Mon affaire. Rien n'a plus d'importance que Moi " comme dirait Ton Jünger…* »

Oui, c'est davantage ça. Il y a peut-être même du nihilisme, mais pas le grandiose, pas celui du héros fort et puissant, non celui passif, du faible qui juge le monde comme non conforme à ses attentes, mais sans avoir pour autant l'envie de le changer. La flemme ou la lucidité que le combat est perdu d'avance. C'est un nihilisme du rien faire en somme…

La voix intérieure et celle de mon père clament en chœur que « *ce n'est pas très glorieux comme attitude* »…

Je rappelle une nouvelle fois à la voix intérieure et à celle de mon père que me sentant arnaque, je vis – ou je pense vivre ? Car je doute parfois un peu – merveilleusement bien dans la solitude intérieure et à côté d'un extérieur qui ne me touche plus, que je ne souhaite ni modifier ni corriger comme le désire l'anarchiste. À la différence de lui, je ne prends pas au sérieux l'extérieur et je n'ai pas besoin de compagnie comme un être social, je n'ai pas abdiqué, j'ai émigré à l'intérieur.

La voix me remémore ce documentaire débile vu sur une chaîne du câble. Cela se basait sur une prédiction de Nostradamus qui devait être interprétée comme une prochaine apocalypse zombie. On expliquait comment s'y préparer avec tout un volet sur les survivalistes avec le matériel qu'il fallait avoir : radio à piles, médicaments et trousse de premiers secours, purificateur d'eau, rations de combat lyophilisées, couteau ou arme à feu… Cela m'avait inspiré et j'imagine parfois mon *Basement* comme une sorte de caravane en aluminium de type *Airstream* de vieil ermite marginal comme on en voit dans certains films, ou mieux comme un bunker. Cette chambre est devenue mon « Greenbrier », cet hôtel immense et luxueux à l'architecture géorgienne, aux allures de Maison-Blanche, situé en Virginie-Occidentale et dans lequel fut construit en secret à la fin des années cinquante, en pleine guerre froide, un immense abri censé pouvoir accueillir tout le gouvernement des États-Unis en cas de conflit nucléaire. Le personnage de *End Zone* aurait été passionné par cette histoire d'abri nucléaire top secret révélée seulement en 1992… J'ai également vu un documentaire de 1982 sur Kurt Saxon qui a la paternité du terme « Survivaliste » dans les années soixante. Le mec a écrit des guides de survie et d'autodéfense avant de virer vers les théories du parti nazi américain et de l'Église de scientologie. On le voit inciter à se préparer des abris face au chaos imminent, et prédire une troisième guerre mondiale débutant en Europe de l'Est et une guerre civile aux États-Unis. Je me dis que c'est un peu ce que nous vivons…

J'ai alors fait des recherches afin d'améliorer mon installation. Quelques entreprises en France se sont spécialisées dans la conception de bunker contre les menaces NRBC – nucléaire, radiologique, biologique et chimique. Elles proposent des modèles d'abris, de pièces de panique, de locaux blindés ou de chambres fortes pour les particuliers. Je suis fasciné par les configurations proposées avec des images de synthèse des possibles aménagements. Cela ressemble à des petites chambres d'hôtel, mais avec une porte anti-souffle, un sas avec douche de décontamination, un système de ventilation et purification d'air, une solution de stockage d'eau, un générateur d'énergie solaire ou par carburant, des couchages, un sanibroyeur, beaucoup d'étagères pour les provisions… J'aime particulièrement le site d'une société dont le nom m'amuse : « Refuge dans mon jardin ». L'entreprise propose des modules préfabriqués, à base de containers métalliques, qui sont enterrés et enveloppés d'une coque en béton armé et ferraillé. Une dalle couvre l'ensemble avec juste une sorte de trappe pour s'y réfugier… Les sites spécialisés expliquent que le coût de la construction varie en se situant dans une moyenne de 1 000 à 1 500 euros par mètre carré. Il faut rajouter 10 000 euros d'équipements pour l'air et l'eau, et autant pour les provisions lyophilisées et les aménagements mobiliers et esthétiques. Et si l'apocalypse ne devait pas survenir, il est indiqué que de toute manière la pièce secrète peut également servir d'ici là de bureau au calme, de studio d'enregistrement ou de très belle cave à vin. Je trouve très tentante l'idée d'*upgrader* ainsi mon refuge…

« *Mais que tu es gamin décidément…* » persifle la voix de mon père.

En effet, je dois ici concéder que mon intérêt pour les bunkers particuliers et la forme qu'a prise ma cachette survivaliste me semblent de plus en plus avoir quelque chose de ridicule et de puéril.

J'ai d'ailleurs aussi renoué avec mes peurs infantiles depuis que je vis seul et dans le silence de mon *Basement*. Une menace plane au-dessus de moi – au sens propre. J'entends des grattements au plafond et comme des petits pas rapides. Je pense qu'une bestiole niche dans le grenier. On y accède par une petite trappe en haut d'un escalier en bois sombre. Comme ces bruits se manifestent au milieu de la nuit, par superstition et par peur irrationnelle, je n'ose pas m'y aventurer. Je préfère attendre le matin. Le lendemain des premières manifestations, je suis d'ailleurs monté avec à la main une mini batte de baseball de l'équipe des Tigers de Détroit que j'avais offerte à mon fils. Je n'ai rien trouvé. Un peu de désordre et quelques traces, mais rien de très concluant sur la présence d'un rongeur.

La voix du mec dans la vidéo qui tourne en boucle en tête de gondole de *Bricomarché* : « *Commencez par faire le tour des lieux afin de repérer des trous ou fissures dans les murs et planchers, par lesquels les rats ou souris peuvent passer. C'est là que vous devrez placer les pièges comme les postes d'appâtage, tapettes ou autres blocs de raticides.* »

J'ai opté pour une action hybride en commandant sur *Amazon* divers pièges à « *l'efficacité radicale* » de la marque *Caussade* qui se décrit comme le « *grand spécialiste français des anti-nuisibles depuis 1957* ». Je dispose donc des nasses de plusieurs tailles, ne sachant pas celle de mon colocataire, mais dont les pas me font imaginer une taille assez considérable tout de même. De la colle à souris, des tapettes et surtout beaucoup de blocs empoisonnés.

Je n'entends rien le jour même – Dommage – mais dès le lendemain, alors que je regarde la United States Football League, une ligue de football américain née de la fusion avec la XFL qui fait patienter au printemps et en été la reprise de la NFL en septembre, c'est la java dans le grenier.

Pourtant, une fois le matin revenu, en montant avec ma batte, un masque, des gants et un sac-poubelle, je ne trouve aucun signe des rongeurs, pas une seule bête dans les pièges et pas un seul des blocs de raticide n'a été croqué…

L'expérience se renouvelle plusieurs fois, jusqu'à me faire douter de ce que j'entends. Ces bruits peuvent-ils être dans ma tête ? Suis-je malade ? me demande comme une seconde voix intérieure, plus aiguë.

La voix du psy veut « travailler » la question de la pathologie et des conséquences du Covid. Beaucoup de personnes dans les pays occidentaux semblent tout de même touchées depuis la pandémie par un syndrome semblable à celui des Hikikomoris japonais ainsi que par diverses névroses et angoisses. Ces individus par peur de l'extérieur se sont soumis à des confinements décrétés par les autorités, puis ont volontairement et durablement continué de vivre isolés. Cette soumission ne peut conduire qu'à l'avènement de ce que le philosophe italien Giorgio Agamben appelle « La vie nue » c'est-à-dire un instinct de survie strictement biologique qui remplace au maximum les interactions sociales pour éviter toute contagion et donc de facto tout contact : « *La peur fait apparaître bien des choses que l'on feignait de ne pas voir. La première est que notre société ne croit plus à rien d'autre qu'à la vie nue. Il est pour moi évident que les Italiens sont disposés à sacrifier pratiquement tout, leurs conditions normales de vie, les rapports sociaux, le travail, et même les amitiés, les affects et les convictions politiques et religieuses, au danger de se contaminer. La vie nue n'est pas quelque chose qui unit les hommes, mais qui plutôt les aveugle et les sépare.* »

La voix du psy conclut : « *Souhaitez-vous la survie et rien d'autre ?* »

Je réponds que je n'ai pas peur de l'extérieur, je le méprise. Il est à côté de moi, il évolue, mais sans ce bruit qui me dérangeait tellement, dans le silence de mon désintérêt. Je suis conscient de son existence, mais il ne me touche plus.

Par contre, je crains ce nouveau bruit au plafond. Je m'interroge surtout sur sa réalité et je me dis que ce n'est pas bon signe pour ma santé mentale… La voix du psy reste étrangement muette là-dessus.

La solitude ne doit pas aider. Je vis dans le Métavers du roman de science-fiction de 1992 de

Neal Stephenson : *Snow crash* où les personnages peuvent rejoindre un espace virtuel dans lequel ils retrouvent une certaine liberté loin du monde postapocalyptique dans lequel sont coincées leurs enveloppes charnelles. Je vis dans un Métavers que j'ai moi-même créé, mon propre univers, sans avoir nullement besoin de m'immerger dans la réalité virtuelle ou de réalité augmentée par le biais des nouveaux gadgets des grandes firmes technologiques de la *Silicon Valley*. J'ai tout de même investi dans une console de jeux vidéo *Xbox*. Je refusais depuis presque trente ans d'en avoir une, sachant que ce serait chez moi très chronophage, mais comme j'ai désormais plus de temps, je me suis mis à jouer à des jeux de divagation, ceux dans lesquels il est possible de simplement errer. Cela peut être dans les rues du gigantesque décor californien de *GTA* ou dans les airs en pilotant un avion sur *Flight Simulator*. Ainsi des heures de… rien, peuvent s'égrener devant l'écran. C'est comme l'effet planant d'une crise de somnambulisme, un lâcher-prise comme dirait la voix du psy.

En pleine déambulation virtuelle dans les rues californiennes de la ville fictive Los Santos, des spots au plafond de mon *Basement* se sont mis à clignoter, puis à baisser d'intensité, jusqu'à griller totalement.

J'entends encore les pas et les grattements. Tentant de rester rationnel, je pense que le rat a dû bouffer les câbles électriques. Au moins il se sera électrocuté. Je change les ampoules, mais cela ne fonctionne toujours pas. Le lendemain matin, je monte une fois de plus muni de ma batte et d'un sac-poubelle afin de récupérer les dépouilles, mais je ne trouve toujours rien.

Je suis inquiet et le silence n'est plus forcément mon ami. Inconsciemment je suis à l'affût du moindre bruit qui pourrait m'indiquer la présence là-haut. Je mets le plus fort possible le son des playoffs de la NBA que je suis très mollement, mais rien n'y fait : j'attends et je crains d'entendre les bruits au plafond.

J'ai effectué quelques recherches sur Internet à propos des maisons hantées. Mon domicile coche indéniablement quelques cases : les bruits inhabituels, les lumières qui s'allument et s'éteignent toutes seules, les changements de comportement des habitants – bon… il n'y a que moi… C'est faible comme preuve statistique.

La voix du psy intervient finalement sur cette peur d'enfant : « *Faites attention à ne pas seulement avoir peur d'avoir peur… La peur est un mécanisme sain face à un réel danger, mais la peur d'avoir peur est le début d'un problème phobique qui peut vous handicaper… Disons, encore plus…* » Il se met à rire.

En effet, je suis conscient que cette angoisse me rend encore plus malade que je ne le suis déjà.

L'attente du bruit fantôme m'empêche de dormir et de bien profiter des matchs à la télévision. Je regarde beaucoup de baseball en ce moment, car les matchs sont longs, et que ce sport est très hypnotique. Ça me calme donc par rapport à ma peur de gamin. J'essaie de me convaincre que comme dans *La Peur* de Maupassant ce n'est que le chien… Oui, voilà, très bien ça ! Ce n'est que le chien, ce n'est que le chien…

Je me suis endormi l'autre nuit au cours d'un match entre les Red Sox de Boston et les Yankees de New York.

Soudain, je suis réveillé brusquement quand une musique est lancée toute seule sur l'*Apple HomePod mini* au salon. C'est le morceau de rap *Liquid Swords* du rappeur GZA qui débute en plus avec une intro très angoissante où on entend un gamin parler de manière très inquiétante puis une femme hurler à la mort. C'est un extrait du film de 1980 *Shogun Assassin*, l'histoire de la vengeance sanglante d'un samouraï accompagné de son fils. Je suis réveillé en panique. Le son est très fort. Je crie : « *Siri arrête la musique !* », mais ce con n'obéit pas. La voix mielleuse et fausse de l'objet connecté me répond seulement : « *Désolé. Je ne peux pas faire cela.* » Je suis paniqué, en nage, et je répète « *Siri arrête la musique ! Siri arrête la musique !* ». Le silence revient enfin au bout d'un long échange avec la machine. Il n'y a plus de baseball à la télévision, mais un écran enneigé sur l'écran. Je regarde mes bras, ils sont griffés au sang, j'ai des courbatures comme si j'avais fait une longue marche. Je me précipite vers l'escalier en bois, la trappe est ouverte.

Je suis terrorisé. Toujours Maupassant en tête : « *et la peur, l'épouvantable peur entrait en moi ; la peur de quoi ? Le sais-je ? C'était la peur, voilà tout.* »

Bon, soit il n'y a rien dans cette maison et je deviens fou, soit il y a quelque chose et je suis en danger.

La voix intérieure me parle très calmement, elle est étonnamment rassurante pour une fois : « *La menace est peut-être en toi. Elle est le produit du silence que tu as voulu construire autour de toi.* »

Faut que je sorte.

Dimanche

Les bruits au grenier ont cessé. Je n'arrive à expliquer les griffures lors de ma nuit de film d'horreur que par une automutilation et mes courbatures que par une crise de somnambulisme. J'ai certainement aussi dû me rendre au grenier en pleine nuit sans refermer la trappe. Voilà tout.

Je ne sais pas si les biais cognitifs sont encore à l'œuvre afin de justifier ma rétractation pour finalement ne plus sortir de chez moi. Enfin, je le souhaite toujours tout de même, mais je ne m'en sens plus capable et de nouveau je n'en vois pas vraiment l'utilité.

La voix de mon père veut me rappeler cette phrase que j'aimais tant : « *Ce n'est pas une vie que de ne pas bouger* », extraite d'une lettre d'Alexandre Yersin et qu'on retrouve dans le roman *Peste & Choléra* de Patrick Deville.

Je vois très bien où mon paternel veut m'entraîner, mais encore une fois, en tant qu'arnaque, je ne me sens pas non plus enfermé dans un « Hémisphère » qu'on retrouve dans un des récits du roman *7* de Tristan Garcia où l'humanité vit séparée pour ne pas se confronter aux autres, dans de grandes bulles étanches où les individus partagent les mêmes « *Principes, qu'ils soient religieux, politiques, métaphysiques ou moraux* ». J'ai conscience que les géants du numérique conditionnent leurs réseaux sociaux à la manière d'une drogue afin de nous inciter à rester le plus longtemps connectés en cloisonnant l'utilisateur au sein d'un cercle d'autres utilisateurs ayant les mêmes opinions politiques, religieuses, sociétales sans se mélanger aux autres… Il s'agit d'un moyen de conforter la personne sur ses idées, dans le but mercantile de la garder le plus longtemps en ligne, au détriment de la confrontation à l'autre et de l'ouverture d'esprit. Cela ne peut conduire qu'à une radicalisation de la pensée, un refus de l'altérité. C'est l'aboutissement du phénomène d'anti-universalisme que nous connaissons qui divise, sépare, clive, communautarise les individus. Non, moi je suis tout seul dans ma bulle, matérialisée par le *Basement* de la chambre de mon fils. Ce n'est pas de la peur ou un refus de l'altérité, car je n'ai plus de chapelle, plus de parti, plus d'avis sur un monde extérieur qui ne m'intéresse tout simplement plus.

La voix de mon ami Joël insiste pour que je sorte de chez moi et me reparle du roman qu'il m'avait conseillé : *Mon année de repos et de détente* d'Ottessa Moshfegh avec son personnage insupportable qui décide d'hiberner et de se couper du monde en dormant au maximum grâce à des substances jusqu'à ce que l'actualité terrible la rattrape… Sauf que pour ma part, je ne dors pas, au contraire mon hibernation se fait les yeux ouverts, mais sur une simple fenêtre : le football américain, l'*entertainment,* le loisir, le frivole. J'ignore volontairement le reste.

La voix de mon père considère quand même qu'il y a comme au moment des confinements épidémiques, une régression infantile dans mon retrait de la vie pour regarder des matchs de football américain dans mon abri : « *L'américanisme dont tu souffres avec des millions de tes faux "compatriotes" moins radicaux dans leur façon de vivre, mais finalement tout aussi enfermés psychologiquement et culturellement, ne s'intéressant qu'au sport, prouve une puérilité dangereuse… Vous laissez faire les grandes personnes.* »

J'acquiesce. C'est peut-être d'ailleurs une des raisons de mon trip paranoïaque de maison hantée et ma marotte des bunkers nucléaires. Le retour d'une peur infantile dans mon état plus général de régression.

Je me souviens d'un des derniers souvenirs concernant le football américain avec mon fils. Il était trop jeune pour suivre le Super Bowl qu'ont remporté pour la seconde fois consécutive les Chiefs de Kansas City. Nous avions revu ensemble le match et le spectacle de la mi-temps assuré par un rappeur dont il appréciait les tubes pourtant anciens. Deux jours après, lors de la parade de célébration des joueurs dans cette ville bizarre du Missouri, en plein centre des États-Unis et séparée d'une simple rivière de son homonyme de l'État du Kansas, plusieurs hommes ont ouvert le feu sur la foule. Des milliers de personnes sont venues en famille pour célébrer leurs champions et tout d'un coup cela crie, cela court dans tous les sens sous le soleil lumineux de cet hiver du Midwest. Filmée en direct, la scène a un côté irréel, comme tiré d'une série policière de *Netflix* ou d'un film d'action hollywoodien. Cela semble faux, mais il y a un mort, des blessés graves, des arrestations musclées, du sang, des ambulances… Je n'ai pas voulu en parler à mon fils, ne pas gâcher cet espace inoffensif de cette guerre inoffensive qu'est le spectacle du football américain. Cette immixtion dans ma bulle me révèle une fois de plus que la vraie guerre approche partout. Cet événement me semble symptomatique des prémices d'une guerre civile sur le territoire nord-américain qui ne manquerait pas de déborder chez nous.

Cette thématique du retour de la guerre civile est d'ailleurs de plus en plus abordée dans le cinéma et la télévision en provenance d'Hollywood.

Quelques années auparavant j'écrivais au moment des émeutes consécutives à la mort de George Floyd en mai 2020 et à la contestation du scrutin présidentiel par l'intrusion d'émeutiers au Capitole de Washington en janvier 2021, que ces événements achevaient symboliquement l'état de fragmentation profond des États-Unis qui touche les différences sociales, ethniques, de genre et générationnelles avec des répercussions dans tout le monde occidental, dans le reste de l'Empire…

La situation a totalement dégénéré. Pourtant de la même manière que j'ai caché à mon fils l'événement de Kansas City en marge de la célébration du Super Bowl, je sens bien que je tente également de l'oublier moi-même, comme j'essaie de ne plus rien voir de ce qui se passe à l'extérieur. Je veux effacer tout ce qui trouble la fête et le silence de mon abri antibruit, hors du chaos. Je ne mets d'ailleurs presque plus les commentaires des matchs. Je préfère écouter de la musique en regardant défiler les images. J'ai remarqué d'ailleurs qu'on devrait davantage accompagner le football américain de musique classique plutôt que toujours et seulement du rock ou surtout depuis quelque temps de l'inévitable rap afin de coller plus à l'époque. Le *Requiem* de

Fauré – dans son cinquième mouvement *Agnus Dei* – se marie par exemple très bien aux images de placages féroces…

La voix intérieure tente de m'expliquer qu'il est pathétique de devoir être témoin de ma déchéance dans mon ermitage de petit-bourgeois confiné. D'après elle – à moins qu'il s'agisse de la voix de mon père, ou peut-être même celle du vendeur de *Bricomarché*, enfin, peu importe… La voix indéterminée me dit que mon américanisme reflète bien mon statut d'habitant de ce « *Club d'empires humiliés* » qu'est devenue l'Europe d'après le philosophe Peter Sloterdijk. Nous subissons ce qu'il nomme également le « *Transfert de l'Empire* », ce perpétuel désir européen de fonder, à nouveau, l'entité la plus aboutie d'unification du continent, c'est-à-dire l'Empire romain, avec toutes les considérations expansionnistes que cela suppose. Un désir inatteignable pour nous Européens depuis les deux guerres mondiales et dont seuls les États-Unis sont capables depuis des décennies. J'idolâtre l'Empire dans « *Une colonie de notre propre utopie* », comme le disait un obscur personnage politique oublié. Depuis mon refuge, dans ma coquille, je crois encore à la « Pax Americana » offerte par notre maître états-unien, j'ignore la guerre, la fin de la protection de notre continent par l'Empire, le retour de sa volonté d'isolationnisme, de sa volonté de tenter d'enrayer sa propre chute, la fin du modèle de démocratie libérale et occidentale, la création d'un modèle d'autoritarisme, la division hermétique des hémisphères, les clivages partisans et régressifs, les guerres civiles à venir des deux côtés de l'Atlantique et un peu partout ailleurs.

Quelle que soit la voix dont je n'arrive plus à identifier l'origine exacte, ou l'image que je lui donne, je sais que cette conne a raison. Le confort piégeur du renoncement s'est refermé sur moi. Pourtant je tente encore de me justifier, las, sans vrai enthousiasme ni réelle conviction, avec une dernière leçon de Jünger sur « *L'effort du bourgeois pour calfeutrer l'espace où il vit contre l'irruption de l'élémentaire.* »

Ma bouche formule mécaniquement sans l'intervention d'aucune voix dans ma tête : « *Tu n'as rien compris, c'est justement ce qu'il réprouve. Il n'y a pas pire péril pour lui que de laisser la vie nous devenir quotidienne.* »

La scène doit être étrange à regarder. Un homme hébété, comme lobotomisé ou sous l'emprise d'opiacé, parlant seul, assis par terre sur une moquette de faux gazon dans l'unique salle éclairée de sa maison, une chambre d'adolescent attardé, devant un écran de télévision diffusant des publicités en anglais sur une chaîne américaine.

Spectacle pathétique d'une solitude organisée, d'une coupure narcissique. Comme si j'avais suivi trop à la lettre l'hilarant conseil d'Umberto Eco : « *Comment se préparer sereinement à la mort.* » L'écrivain italien explique que pour affronter la mort il existe « *une seule solution, être convaincu que tous les gens sont des couillons* ». En effet, il est insupportable de se dire qu'en mourant nous allons quitter des êtres merveilleux, rendant encore plus difficile le passage de vie à trépas. Par contre, si « *à l'instant où tu sens que tu vas quitter cette vallée, tu as la certitude inébranlable que le monde (cinq milliards d'êtres humains) est rempli de couillons, que ceux qui dansent en boîte sont des couillons, des couillons les scientifiques qui croient avoir résolu les mystères du cosmos, des couillons les politiciens qui proposent une panacée pour tous nos maux, des couillons les pisseurs de copie qui remplissent nos journaux d'ineptes et vains potins, des couillons les industriels malpropres qui détruisent la planète. En cet heureux moment, ne serais-tu pas soulagé, satisfait d'abandonner cette vallée de couillons ?* »

Là où j'ai merdé, c'est que je suis allé trop vite, Umberto Eco avait pourtant bien prévenu qu'il ne fallait surtout pas braquer les choses, y aller mollo, petit à petit, en tentant de garder jusqu'à la veille de sa mort au moins un être aimé auprès de soi, sauf à mourir trop tôt seul, comme un vrai couillon…

Ce fut facile pour l'entourage professionnel, et pas très difficile pour le cercle amical dans la mesure où la fiabilité n'était vraiment pas la qualité principale de la plupart de mes potes. Il suffisait de ne plus répondre quelque temps avant de perdre tout contact avec eux. Ce fut plus difficile pour la famille qui a vite considéré que j'étais le couillon de l'affaire.

La voix d'Angela Bower : « *Mais pourquoi as-tu été assez stupide pour écouter cette voix stupide ?* » « *Mais c'était la voix de Tony…* » répond tout penaud la voix de Jonathan, son fils, dans l'épisode de ce matin de *Madame est servie*.

Seul comme un vrai couillon, je le suis. L'enfermement dans ma cabane, l'absence de connexion sociale et amicale m'a isolé et rendu même sauvage. Je m'en rends compte de plus en plus. Ma femme est partie – comment aurait-elle pu supporter l'enfermement, l'aigreur, la misanthropie, la solitude, le nihilisme passif, les crises de paranoïa et la survie imposée ? Je l'ai perdue, tout comme mon fils du coup, par effet domino.

Un de nos derniers repas ensemble s'est déroulé au *Buffalo Grill* dans un centre commercial à ciel ouvert en périphérie de la ville. C'est son américanisme à elle, une passion pour les *malls* et les villages de marques, ces villes fictives plus sécurisées, plus propres que les centres-villes pour faire tranquillement du shopping. L'ironie, c'est qu'avec la dématérialisation du commerce – me faisant tout livrer j'en suis le meilleur exemple – ce sont ces centres commerciaux tant décriés qui vont finalement devenir les ultimes lieux de « sociabilité » entre humains…

Ce week-end-là, j'ai donc daigné sortir de ma grotte, mais je ne me sens pas très bien. Le nouveau slogan est affiché en gros sous le néon rouge : « Ici commence l'Amérique ». Nous nous installons à notre table dans une sorte de petite diligence. Nous commandons comme chaque fois. Ma femme prend le menu « Hold-Up » avec un simple steak haché et des haricots verts, moi des ribs avec frites, mon fils, un burger au bacon et une glace. Nous avons nos petits ramequins avec la salade de bienvenue, une feuille de laitue, du maïs et quelques haricots rouges qui baignent dans une sauce vaguement César. Mon fils ne joue plus aux jeux sur le set de table et préfère regarder son portable. Ça me rend triste. Il me tarde surtout qu'on rentre. Je suis vraiment tombé malade. Un ours mal léché sorti précipitamment de son hibernation. Dehors, je suis comme aplati au sol.

La voix du psy intervient : « *La dépression n'est pas forcément quelque chose de négatif. Il faut la prendre comme une opportunité de se réorganiser.*

En fait, la crise du milieu de vie se rapproche de la fin de l'adolescence. Vous êtes en plein point de bascule... Dans le premier cas vous devez affronter l'extérieur, construire votre identité sociale, professionnelle, familiale... Dans le second cas, il s'agit plutôt d'affronter le monde intérieur, compléter votre identité et donner un sens à l'ensemble du processus. »

Bien sûr que je regrette la situation aujourd'hui. Égoïstement, j'aurais tellement préféré partager mon repli avec eux. J'imaginais bien ce retrait de la vie bruyante et les travaux du *Basement* comme la construction de l'arche de Noé qui devait sauver ma femme et mon fils du Déluge prochain et inévitable. Cependant, ce mode de vie ne pouvait pas leur convenir. D'ailleurs je me sens moi-même à l'étroit depuis quelque temps, comme dans une cage. J'ai beau me répéter comme Venator que : « *la prison, elle aussi, devient île, asile du libre arbitre, propriété* », je n'y crois plus.

La voix de mon père lisant encore un passage de *2024* de Jean Dutourd : « *Le loisir, non seulement ne rapporte rien, mais encore fait sentir avec acuité cette chose si désespérante qu'est le temps qui passe.* » Je vois mon père qui pose le livre sur une petite table, et m'explique que même s'il sait que je n'apprécie pas trop ce roman, il faudrait que je lise les pages quand le père porte son fils sur les épaules : « *Cela me paraissait un geste paternel extraordinaire, le manifeste de la paternité.* » Tu te souviens combien nous aimions ça aussi ?

Je ressens une oppression, comme un réveil brutal d'un *bad trip* ou une très mauvaise gueule de bois. Je me suis isolé par ma soumission à l'américanisme et par la pression des biais cognitifs. J'ai une migraine ophtalmique, je ferme les yeux et je vois la dernière scène de *Voyage au bout de l'enfer* quand les personnages après les obsèques de leur ami Nick se retrouvent au bar de Clairton, Pennsylvanie, et chantent un morose *God Bless America* dans une des atmosphères les plus pesantes de l'histoire du cinéma.

La voix au timbre nasal de Bob Dylan : « *Tu t'amusais tellement de Napoléon en haillons et du langage qu'il utilisait, va le voir maintenant, il t'appelle, tu ne peux pas refuser, quand on n'a rien, on n'a rien à perdre, tu es invisible maintenant, tu n'as plus de secrets à dissimuler.* » La voix d'Orelsan : « *Marre de faire des grands sacrifices pour des petites gloires. J'ai mis la moitié de ma vie pour savoir ce que je veux. La fête est finie* ». La voix d'un influenceur sur *Instagram* citant approximativement du Beckett : « *Déjà essayé. Déjà échoué. Peu importe. Essaie encore. Echoue encore. Echoue mieux* ». La voix intérieure pouffe de rire.

Malgré les regrets de plus en plus présents, j'espère au moins du fond de ma retraite que mon fils en retienne la principale leçon de Montherlant dans sa magnifique *Lettre d'un père à son fils*, qui pour moi – tout étonnant que cela puisse paraître est le mépris qui : « *fait partie de l'estime. On peut le mépris dans la mesure où on peut l'estime. Les excellentes raisons que nous avons de mépriser. Qui ne méprise pas le mal, ou le bas, pactise avec lui. Et que vaut l'estime de qui ne sait pas mépriser ? J'avais toujours pensé qu'on pouvait fonder quelque chose sur le mépris ; maintenant je sais quoi : la moralité. Ce n'est pas l'orgueil qui méprise ; c'est la vertu. Aussi sera-t-il beaucoup pardonné à celui qui aura beaucoup méprisé. Et encore j'ajoute ceci : qu'il n'y a pas besoin de n'être pas méprisable, pour mépriser.* »

La voix intérieure : « *Il y a beaucoup trop de citations dans ce récit…* » La voix de mon directeur de thèse : « *L'avantage des citations, c'est qu'on pourra moins vous reprocher d'écrire des idioties.* » La voix de mon ami Antoine : « *C'est encore trop court comme texte.* » La voix intérieure calcule : « *Il y a plus de vingt-cinq mille mots, donc plus de cent pages* ». La voix de l'éditeur : « *Un livre court ? Ce n'est pas plus mal avec le prix du papier* » La voix de l'Empereur : « *Il y a trop de mots, pas assez d'idées. Vous courez le pathos !* » La voix de mon père qui rit et me rappelle que c'est lui qui m'avait parlé de la leçon de Montherlant, il y a bien longtemps.

Je me reconcentre. Je reste persuadé qu'il s'agit du meilleur conseil possible qu'un père puisse donner à son enfant, mais je suis allé bien trop loin dans le mépris de tout et de tous, dans le mépris de vivre.

Je suis dans un trou à rat. Et j'ai voulu y mettre mon fils ? L'excuse d'avoir voulu lui éviter la tempête de la guerre qui approche inexorablement ne pouvait pas m'autoriser à l'empêcher de sortir de la forêt. Je me souviens d'une anecdote évoquée par Jean d'Ormesson : « *À l'époque de la guerre civile, un philosophe espagnol du nom de Bergamín fit venir ses deux neveux et il leur demanda quel parti ils comptaient prendre. Les neveux répondirent, l'un et l'autre, que les horreurs leur semblaient se valoir dans les deux camps et qu'ils n'avaient pas l'intention de choisir.* "Hoy, no se puede", *répondit Bergamín. Aujourd'hui, c'est impossible. Les deux neveux finirent par tirer au sort, à pile ou face, le camp qu'ils rejoindraient. L'un tomba sur Franco, l'autre sur la République. Ils furent tués tous les deux.* » Je pouvais très bien dire à mon fils l'inverse de ce qu'avait ordonné ce drôle de coco ibérique, peu avare du sang des autres jusqu'à son gâtisme en faveur de l'organisation terroriste basque de l'ETA… Non, à mon fils je me dois de dire :

« *Hoy se puede*! », rien n'oblige de se fracasser contre ou de se soumettre à l'autorité, ni même à un camp. Les choses peuvent et même doivent être regardées de haut, il faut rester au-dessus de la mêlée pour prendre un terme rugbystique, sans s'enfermer physiquement, mais tout en gardant en tête le conseil le plus précieux que m'a donné mon propre père : « Évite les obstacles »

Pire, j'ai voulu enfermer son épanouissement intellectuel dans la petitesse du spectacle sportif, en faire une *couch potato* – un gros tas avachi sur un canapé ? J'ai donc voulu crétiniser mon fils sous la pression impériale de l'américanisme. Tout est question de dosage dans le loisir comme dans n'importe quel autre vice. On peut ne pas vivre sans, mais je n'ai pas su éviter l'excessivité, comme très souvent chez moi du reste.

Sans être un égocentrique enfermé ni un exalté du dehors, je crois qu'une voie médiane est possible et doit être inculquée à nos fils. Je récite une dernière leçon de l'arnaque : « *Sa mesure lui suffit ; la liberté n'est pas son but ; elle est sa propriété. Il n'intervient ni en ennemi, ni en réformateur ; dans les chaumières comme dans les palais, on pourra s'entendre avec lui. La vie est trop courte et trop belle pour qu'on la sacrifie à des idées, bien qu'on ne puisse toujours éviter d'en être contaminé. Mais salut aux martyrs !* »

Les leçons d'altérité sont partout dans les livres de mon auteur préféré Bret Easton Ellis. La plus belle, mais certainement pas la plus apparente de prime abord, est celle concernant la paternité, notamment dans le roman de métafiction *Lunar Park*. Cette fausse biographie déconcertante contient des pages « *déchirantes* » comme l'écrit Arnaud Schmitt dans ce qui est une « *ode à la famille comme promesse d'un ailleurs idéal, mais inatteignable, espace lunaire où l'on donne rendez-vous à un fils disparu avant même d'avoir existé* ». La notion d'altérité et de paternité est récurrente dans l'œuvre de l'écrivain américain afin d'essayer de se mettre à la place de l'Autre pour pacifier les relations sociales, mais aussi familiales, comme celles avec son père, ou inversement pour accepter de tenir son propre rôle de père.

Ce que j'ai totalement loupé dans mon émigration intérieure.

C'est alors que la voix de mon fils m'interpelle sèchement : « *Zeubi ! rien n'est jamais fini ! Sa vie sera longue comme tu dis tout le temps ! Pense à l'action légendaire en College Football de Cory Carignan des Castors de l'université de Minot en Dakota du Nord. On a vu et revu cette vidéo sur YouTube. Il loupe une réception dans sa* end zone, *perd le ballon, catastrophe,* fumble*! Mais il le ramasse et* *repart en attaque, ses coéquipiers le couvrent, le protègent, afin d'empêcher qu'il se fasse plaquer, il remonte ainsi tout le terrain, cent quatre yards et marque finalement un* touchdown*!* »

Je revois l'action au ralenti dans ma tête. Quelle remontée de terrain. Putain, ce sport est vraiment beau, même si ce n'est que du sport… Le silence semble brisé – enfin! Et cela ne me dérange pas – au contraire! Le rugissement de Kanye West : « *When it's over, it's over, and bitch, I'm back out my coma !* » Je change de ville, je change d'État, la foule crie dans l'enceinte du Michigan Stadium, le plus grand stade du monde, appelé aussi « The Big House » et accueillant l'équipe de football américain de l'Université du Michigan à Ann Arbor juste à côté de Détroit. Plus qu'une fanfare, un *Marching Band* composé de musiciens jouant et exécutant d'immenses chorégraphies sur le terrain, rentre au son du morceau rageur d'Eminem *Lose yourself.* « *Tu n'as qu'une seule chance, qu'une seule opportunité* », me rappelle la voix du rappeur. Les membres du *Marching Band* sont tous aux couleurs de l'université, soit *Maize and Blue* – Maïs et Bleu. L'uniforme se compose d'une veste d'inspiration militaire avec épaulettes et cape sur le côté, de gants blancs, de guêtres, et d'un panache jaune et bleu sur le shako de hussard. Ils reprennent maintenant le morceau punk *Search and destroy* du groupe mythique originaire de la ville d'Ann Arbor : The Stooges. Le titre a des accents guerriers avec le nom d'une tactique militaire créée pendant le conflit au Viêt-Nam. Cela consiste à s'introduire derrière les lignes ennemies, éliminer l'adversaire, et se retirer. Je perçois des grattements au plafond qui ne m'effraient plus. La trappe s'ouvre, claque, se referme toute seule. Les musiciens de l'université terminent leur chorégraphie en formant sur le terrain d'immenses lettres S, F, C, D, T. La voix d'Iggy Pop crie : « *Je suis un guépard qui marche dans la rue. Avec un cœur plein de napalm. Je suis un fils fugitif de la bombe nucléaire A. Je suis un garçon oublié du monde.* » J'entame la seconde mi-temps. Je souris.

Je rouvre enfin les yeux.

Novembre 2023 – Mai 2024

Petite bibliographie très subjective avant de s'enfermer au sous-sol :

– **Theodor ADORNO et Max HORKHEIMER,** *Kulturindustrie. Raison et mystification des masses,* Allia, 2012 (édition originale en 1947).
– **Hannah ARENDT**, *La Crise de la culture*, Gallimard, 1972 (édition originale en 1954).
– **Jean-Claude BATZ**, *L'audiovisuel européen : un enjeu de civilisation*, Séguier, 2005.
– **Jean BAUDRILLARD**, *Simulacres et Simulations,* Galilée, 1981.
– **Pascal BRUCKNER**, *Je souffre donc je suis. Portrait de la victime en héros*, Grasset, 2024.
– **Régis DEBRAY**, *Cours de médiologie générale*, Gallimard, 1991.
– **Donald Richard (Don) DELILLO**, *End Zone*, Actes Sud, 2023 (édition originale en 1972).
– **Jean DUTOURD**, *2024*, Gallimard, 1975.
– **Bret Easton ELLIS**, *Lunar Park*, Robert Laffont, 2005.

– **Bret Easton ELLIS**, *White*, Robert Laffont, 2019.
– **Umberto ECO**, *Comment voyager avec un saumon*, Grasset, 1997 (édition originale en 1992).
– **Alain FINKIELKRAUT**, *L'imparfait du présent*, Gallimard, 2002.
– **Jérôme FOURQUET et Jean-Laurent CASSELY**, *La France sous nos yeux*, Seuil, 2021.
– **Jean-Michel FRODON**, *La projection nationale, cinéma et nation*, Odile Jacob, 1998.
– **Marc FUMAROLI**, *Paris-New York et retour*, Fayard, 2009.
– **Tristan GARCIA**, 7, Gallimard, 2015.
– **Tristan GARCIA**, *La vie intense : Une obsession moderne*, Éditions Autrement, 2016.
– **Philippe d'HUGUES**, *L'envahisseur américain, Hollywood contre Billancourt*, Favre, 1999.
– **François JONQUÈRES**, *Robert B. Sept nuances de gris*, Pierre Guillaume de Roux, 2019.
– **Ernst JÜNGER**, *Orages d'acier*, Payot, 1930 (édition originale en 1920).
– **Ernst JÜNGER**, *Eumeswil*, La Table Ronde, 1978 (édition originale en 1977).
– **Ottessa MOSHFEGH**, *Mon année de repos et de détente*, Fayard, 2019.
– **Philippe MURAY**, *L'Empire du Bien*, Les belles Lettres, 1991.
– **Jean d'ORMESSON**, *Casimir mène la grande vie*, Gallimard, 1997.
– **Jean d'ORMESSON**, *C'était bien*, Gallimard, 2003.

– **José ORTEGA y GASSET**, *La Révolte des masses*, Gallimard, 1967 (édition originale en 1930).
– **Jacques RIGAUD**, *Les deniers du rêve*, Grasset, 2001.
– **Marianne RUBINSTEIN**, *Détroit, dit-elle. Économies de la survie*, Verticales, 2016.
– **Michel SCHNEIDER**, *La Comédie de la culture*, Seuil, 1993.
– **Peter SLOTERDIJK**, *Si l'Europe s'éveille*, Mille et une nuits, 2003.
– **Donna TARTT**, *Le Chardonneret*, Plon, 2014.
– **Jean-Pierre WARNIER**, *La mondialisation de la culture*, La Découverte, 1999.
– **Herbert George WELLS**, *Anticipations*, Mercure de France, 1904 (édition originale en 1902).

ACHEVÉ D'IMPRIMER
EN JUILLET 2024
DANS LES ATELIERS
DES PRESSES LITTÉRAIRES
66240 SAINT-ESTÈVE

D.L. : 3e TRIMESTRE 2024
N° D'IMPRIMEUR : 24592
Imprimé en France